녹색 황금을 찾아 떠나는
대만차 기행

마이티북스

본 도서에 실린 현장 이미지는
저자가 직접 촬영한 사진입니다.

촬영 당시에는 출간 목적이 아닌
단순히 SNS 기록용으로 담았기에
보통의 기행 도서와는 달리
다소 소박한 느낌을 전달할 수 있습니다.

그러나 꾸밈없는 날것 그대로의 감성이
독자 여러분에게는 더 진한 감동으로 전해지리라 믿고,
지면에 담는 작업을 꺼리는 저자를 설득해
세상에 내어놓음을 미리 밝힙니다.

편집부의 판단이 옳았기를 바라며,
모쪼록 흥미로운 여행이 되었으면 합니다.

녹색 을 찾아 떠나는
기행

| 목 차 |

Prologue
대만차 기행으로의 초대

"당신에게 차는 무엇인가요?"

나에게 차를 배우러 오는 사람들에게 늘 하는 질문이다. 그리고 다들 약속이라도 한 듯 "차는 나에게 도道와 예禮를 알려주는 대상이다.", "차는 명상에 빠지게 하는 매개체다."와 같은 인문학적인 답을 한다. 그런 이야기를 들을 때마다 단순한 음료에 과한 옷을 입힌 게 아닐까 하는 생각이 들곤 한다.

물론, 나 역시 차 공부를 시작했을 때, 너무 어려웠다.

한마디로 '가까이하기엔 너무 먼 그대'였다. 입문하려니 다판을 비롯해 백자 다기 세트, 게르마늄 주전자 등 갖추어야 할 게 너무 많았기 때문이다. 심지어 수업 시간에 입어야 할 한복도 마련해야 했다. 결국 나는 지레 질려 도망치듯 나왔다. 초·중·고등학교 3남매를 키우는 워킹맘 입장에서 도무지 감당해 낼 자신이 없었으니까.

그래도 차에 대한 매력이 컸던지라 이후에도 오랫동안 이곳저곳의 문을 두드리며 배웠다. 그로 인해 많은 스승을 만날 수 있었고, 차를 만드는 제다製茶 기술을 익히게 되면서 나 또한 여러 제자를 키워냈다. 나도 모르는 사이 차 전문가가 되어간 셈이다.

그런 와중에 나는 중국 역사와 그들 왕조와 관련한 정보를 꾸준히 채워나갔다. 더불어 중국 지도를 구매해 벽에 걸어두고, 지리를 익혔다. 웬만큼 알게 되는 데까지 꼬박 3년이 걸린 듯하다. 여기서 그치지 않고 나는 차를 주제로 다룬 영화도 섭렵했다. 이 일련의 과정은 중국의 역사와 지리에 익숙해지면 차를 모두 알게 된다는 한 스승님의 한마디에서 비롯한 실천이었다.

이 외에도 이싱 자사호 기행을 준비하면서 소동파를, 북경 차 기행을 떠나기 위해 청나라를, 이화원과 만리장성에 가기 전에 각각 서태후와 진시황제를 공부했던 순간이 스친다. 하지만 신기하게도 차라는 존재는 파고들면 파고들수록 어렵기만 했다.

이 상태로 세월이 꽤 지나서야 나와 차 사이의 벽이 허물어졌다. 제자들과 함께한 대만차 기행이 그 역할을 해주었다. 첫 시작은 2023년으로, 먼저 다녀온 지인의 도움을 받아 내가 직접 기획해 차 산지와 농가, 차 박물관에 다녀왔다. 그 자체만으로 많은 공부가 되어, 같은 해 9~12월 각 1회, 2024년 봄에도 한 차례 더 방문했다. 이렇게 기행을 거듭하면서 새롭게 정립된 것 중 하나가 '차는 농부가 기르는 하나의 작물인 동시에 가장 맛있게 만들어야 하는 상품'이라는 사실이었다.

특히, 평림 지역을 답사하던 중에 우연히 들른 작은 다원에서의 경험은 차 문화에 대한 고정관념을 깨뜨려 주었다. 낯선 한국인의 방문에 어찌할 바를 몰라 당황하던 농부가 이내 시음 차를 내주었는데, 전혀 예상하지 못한 광경이 눈앞에서 벌어진 것이다. 그는 다구를 사용하지도 않았고, 그저 사발에 숟가락 하나 툭 얹어 알아서 떠 마시라고 했다. 거기에는 어떤 형식도 없었다. 그런데도 차 맛은 상상 이상으로 일품이었다.

이렇게 인연을 맺은 뒤로 우리는 종종 연락을 주고받는다. 소통하는 사이사이, 그는 계절별로 차를 수확하고, 제다하는 장면 등을 담아서 보내준다. 작은 화면으로 마주하지만, 고단함이 고스란히 전해진다. 그가 연락하는 시간이 언제나 늦은 밤인 점만 봐도 온종일 차밭과 제다실에서 사투를 벌였음은 분명하다. 그것도 온 가족이. 무엇보다 시장에서 팔리려면 소비자의 기호에 맞추어야 한다고 강조하며, 발효시키는 단계까지 허투루 하는 법이 없는 모습에서는 차가 그들의 전부임을 대변하는 듯하다.

이로써 나는 차와 조금 더 가까워지면서 대하는 자세도

달라졌다. 이에 6번의 대만차 기행으로 얻게 된 차 생활을 위해 알아야 할 부분을 나누고 싶어졌다. 그래서 기존에 출간된 차 전문 도서처럼 찻잎 성분이나, 품종, 향기 등을 다루기보다는 현장의 이야기를 풍성하게 전하는 데 집중했다.

이에 따라 이 책을 펼친 사람이라면 누구나 나와 함께 걸으며, 차 기행을 떠난 기분이지 않을까 한다. 여기에 필요한 건 아무것도 없다. 그저 내가 안내하는 대로 따라와 주기만 하면 된다. 자, 지금 바로 대만의 차 산지로 가보자.

Part 1. 역사 속의 대만차

중국에서 건너온 대만차

중국의 청차 지구는 민북청차_{복건성 북부 지역의 무이암차}, 민남청차_{복건성 남부 지역의 안계철관음}, 광동청차_{광동성 지역 봉황단총}, 대만청차 총 4개로 이루어져 있다. 이 중 대만은 우리나라 경상도 정도의 크기에 불과하지만, 다양한 차가 생산되고 있으며, 차가 삶의 전부라고 해도 될 농가가 많다.

이런 대만차는 1624년, 네덜란드 상인들이 대만으로 진출하면서 본격적으로 역사 기록에 남겨지기 시작했다. 참고로 대만은 과거, 동중국해와 남중국해의 해상 중계지에 위치하고 있어서 대항해시대에 아시아 지역 진출을 목적으로 유럽 여러 나라에서 설립한 동인도회사의 중요 거점이었다. 이후 1885년, 일본과 구미 즉, 유럽과 미국에서 대만을 핵심 요지로 이용함에 따라 그 중요성을 인지하고, 복건성에서 분리해 '타이완성'으로 승격했다. 하지만 청일전쟁 당시 청나라가 패하면서 대만성이 일본에 넘겨짐으로써 대만성에서 대만섬이 되어 일본 최초의 해외 식민지가 되었다. 그 뒤로 중국 공산당과의 내전에서 진 국민당 장제스 정권이 이전해 와 타이베이를 임시 수도로 정하면서 지금의 모습으로 갖춰져 왔다.

이렇듯 몇백 년의 길지 않은 역사를 가진 대만은 태풍이 잦고, 연평균 강우량이 약 2,540mm에, 고온다습한 차 재배에 이상적인 기후로 인해 빠르게 차 산업이 자리를 잡았다. 더욱이 중국 본토와 약 150km가량 떨어진 초 근접 국가라서 유리한 점도 있었다. 18세기 이후 복건남부, 광동남부, 절강남부 등에서 사람들이 이주하면서 차도 함께 넘어온 것이다.

대만이 차 무역을 본격적으로 시작한 시기는 1800년대

중반으로, 시장이 개방되면서 영국 상인들이 차를 본국으로 가져가기 위해 앞 다투어 사들이면서부터다. 그리고 1869년, 영국 상인들이 대만 북부의 고품질 차를 '포모사' 상품으로 뉴욕에 수출한 시점을 계기로 고급 차로 알려졌다.

한편, 대만은 1975년부터 찻잎의 잔류농약검사를 철저하게 실시하고 있다. 만일 기준을 초과하거나 어겼을 경우에는 벌금과 함께 소각 처리하지만, 반복되면 바로 형을 집행할 만큼 차와 관련한 법률이 엄격하다.

이 영향인지 대만의 차밭에 방문해 보면, 잡초가 무성하다. 차나무도 한국이나 일본처럼 가지런하지 않고, 키도 제각각인데다가 가지도 제멋대로 자라 있다. 얼핏 보면 방치해 둔듯하지만, 향이 좋은 차를 만들기 위한 그들만의 자연친화적 재배 방식이다.

동방미인과 관련한 명칭의 고증

동방미인은 대만을 대표하는 청차, '우롱차'다. 이는 이른 여름, 부진자 벌레가 생긴 차나무 자체에 2차 대사물질을 방출한 후, 찻잎을 따서 제다하는 형식을 취한다. 이에 따라 찻잎에 벌레가 갉아 먹은 모양이 보인다.

동방미인은 우롱차 외에도 다양한 이름이 있는데, 병풍차, 팽풍차라고 부르기도 하고, 벌레를 먹어 산화된 부분에 의해 제다를 완성해도 찻잎이 붉은색, 녹색, 황색, 흰색, 갈색 등을 띄어 오색차라고도 한다. 또 완성한 차에 하얀 털이 많이 보여 백호우롱이라는 이름도 갖고 있다.

그런데 여기까지는 동방미인 명칭의 일부만 살펴본 것에 불과하다. 어떤 이름이든 그 유래가 있듯 동방미인에 붙은 각양각색의 이름에도 그 기원이 있다. 본격적인 대만차 기행을 시작하기 전에 그와 관련한 내용을 살펴보자.

첫 번째는 위에서 언급했던 '팽풍차'다. 대만 1세대 사진가이자 의사인 덩난광이 남긴 기록에 따르면, 신죽현의 다인茶人 강위청의 아버지 장루이창은 평생 고급 우롱차 개발에 심혈을 기울였다고 한다. 그 과정에 1932년, 시험삼아 작은녹색잎매미에 물린 찻잎을 채취해 제다했더니 특별한 과일향이 나서, 그중 품질이 좋은 완제품을 선별해 대만 박람회에서 선보이게 된다. 그런데 거기서 뜻밖의 성과를 얻는다. 기대 이상의 호평을 받았음은 물론, 당시 총독부에서 고가에 전량을 구매해 간 것이다. 하지만 사람들은 높이 책정된 찻값을 믿기는커녕 그가 허풍 친다며 팽풍차로 불렀다고 전해진다.

두 번째는 '판쫭우롱'이다. 이 명칭에 대한 설명은 1927년, 일본인 이노우에 방방이 쓴 《다양한 차 품종의 제조법》에 등장하는데, "판쫭은 여러 종류의 차를 수출하는 지역으로 판쫭우롱은 판쫭에서 판매하는 우롱차라는 의미로 부르게 되었다."고 한다.

세 번째는 '향빈우롱'이다. 이는 '샴페인우롱'이라는 애칭을 갖고 있는데, 유럽과 미국의 다인들은 오래전부터 먹고, 입는 데서 사람의 신분 또는 성향을 나타낸다고 생각했다고 한다. 가령, 맥주를 좋아하는 사람은 유순하고, 위스키는 주로 남성이 좋아한다고 봤다. 마찬가지로 샴페인은 섬세하고, 우아함을 느끼게 하여 상류층이 즐기는 기호식품으로 분류했다. 이에 따라 차를 샴페인에 비유하면서 3대 샴페인 차로 동방미인, 다즐링홍차, 실론홍차를 꼽았다. 한편, 샴페인우롱을 처음 시음해 본 사람은 동방미인에 브랜디brandy를 첨가했다고 생각하는데, 차 본연에서 우러나온 맛과 향이다.

끝으로 '동방미인'이다. 1901년에 생을 마감한 영국의 빅토리아 여왕이 동방미인을 마셨다고 전해지는데, 이는 시대적 오류가 있는 것으로 보인다. 왜냐하면 동방미인 첫 출시가 1932년이니 31년의 공백이 있기 때문이다. 그런데도 이 같은 소문이 생겼다는 건 그만큼 동방미인이 전 세계 다인에게 사랑을 받았다는 반증이 아닐까 하는 추측을 해본다. 이런 동방미인은 대만의 일제강점기 즉, 대만일치시기1895~1945년에 대만차 농가가 소비자에게 직접 판매하지 않고, 일본 회사를 통해 유통되었다. 당시 미쓰이 그룹이 홍차를 대량으로 수출했는데, '닛토 홍차'라는 이름을 사용했다고 한다. 이를 근거로 하면 빅토리아 여왕이 생전에 동방미인을 마셨을 수도 있지 않나 싶지만, 확실치 않으니 이쯤에서 생략한다. 그 이후 초창기의 차 겉면을 감싸는 포장지를 살펴보면, 1980년대 이전에는 팽풍차, 1980년대 이후에는 푸서우차, 1985년부터 동방미인이 등장했음을 알 수 있다. 또 그로부터 10여 년이 흐른 1995년에 이르러 대만 북서부에 위치한 먀오리현 정부에서 적극적으로 홍보하면서 점차 '먀오리 산産 동방미인'으로 굳어졌다.

대개 매력적인 사람에게 여러 별칭이 따라붙듯 동방미인이 이토록 많은 이름으로 불리게 된 데도 같은 이유이지 않을까 한다. 이런 동방미인을 다인으로서 직접 만나보지 않을 수 없어, 대만 신죽현으로 향했다. 거기서도 손에 꼽히는 다원茶園을 방문했다.

4대를 이어온 자존감, 유흥차업문화관

　제목에서 알 수 있듯 '유흥차업문화관'은 오랜 역사를 자랑한다. 청나라 말기에 지어져 지역의 차 산업 문화 발전에 크게 기여했다고 하니, 대만 현지인들이 입 모아 '성지_{聖地}'로 소개하는 데에 일리가 있다 싶다. 더욱이 청나라 시대 건물은 중국의 역사와 문화를 보여주는 중요한 유산으로서 문화적·인문학적으로도 가치가 높은데, 유흥차업문화관은 보존이 특히 잘되어 있어 수많은 관광객이 발걸음 한다. 이쯤 되면 보통은 눈에 잘 띄는 위치에서 그럴싸한 모습으로 사람들을 반기고 있을 듯하지만, 예상외로 주의를 기울이지 않으면 찾지 못할 정도로 좁고 허름한 골목

중간에 자리 잡고 있다. 자료조사라도 하지 않으면, 빨간 리본이 묶인 향나무를 보고도 지나치기 십상이다.

하지만 유흥차업문화관에 첫 발을 내딛는 순간부터는 이야기가 달라진다. 단숨에 과거로의 여행에 흠뻑 빠지게 하는 마력을 지니고 있어서다. 물론 이를 만끽하기 위해서는 페이스북을 통해 사전 예약을 해야 한다. 불시에 방문하면, 다양한 설명은커녕 가끔 주인이 자리를 비우기도 해서 시음의 기회도 가질 수 없기 때문이다.

이제 조금 더 내부로 들어가 보자. 건물은 2층 구조로 되어 있는데, 1935년에 생긴 지진으로 일부가 파손되어 복원했다고 한다. 이때 주로 벌레에 강한 너도밤나무를 사용했다는 안내에서 100여 년의 세월에도 끄떡없이 이 자리를 보존할 수 있었던 근거를 찾을 수 있었다. 2009년에는 역사 건축물에도 등재되었다고 하니, 국가에서도 인정한 지역 자산을 찾은 의미가 더욱 크게 다가왔다.

　　그런데 나는 개인적으로 많은 사람이 이곳을 소중하게

여기는 이유가 다른 데 있다는 생각이 들었다. 개인 소유의 차 공장을 개조·공개함으로써 지역민의 문화생활에 이바지하고 있다는 점이 그것이다. 거기다가 기계, 도구 등 모든 요소를 잘 유지하고 있으니 차 산업이 중심인 신죽현에서 좋은 본보기가 되지 않았을까 싶다.

더불어 해마다 우수 제품으로 선정되어 받은 상패가 가득한 것만 봐도 주인의 차에 대한 자부심과 긍지가 엿보인다. 또 작은 규모에도 정부와 협력하지 않고, 독립적인 차를 만들어 왔다고 하니 이들이 견고하게 쌓아온 신념에 고개가 숙여진다. 소문만 듣고 잠시 들른 내게도 이들만의 에너지가 고스란히 전달되는데, 주변 사람들에게는 얼마나 큰 영향력을 미칠지 가늠조차 되지 않는다.

뒤이어 눈앞에 펼쳐지는 공장 곳곳에서도 나는 감탄을 멈출 수 없었다. 제다에 사용하는 오래된 유념기, 주청기, 살청기 그 외 다양한 차구茶具가 100여 년의 역사를 고스란히 머금고 있었으니까. 그래서인지 얼룩덜룩한 대들보와 빛바랜 사진도 멋스러웠고, 과거와 현재가 공존하는 그 공간이 차 산업 역사의 표본이자 '차 인문'의 발상지로 다가왔다.

각종 기계가 전시된 공간 옆 작은 방에는 4대의 역사가 모여 있는 전시실이 있는데, 아버지의 아버지, 할아버지의 할아버지까지 이어지는 역사와 전통을 통해 오직 차를 가꾸고 지키는 일만으로도 대만 문화유산의 일부가 된 현실을 여실히 보여준다. 이 밖에도 여기서는 제다와 관련한 기계와 역사, 제다 방법을 알려준다.

이렇게 모든 관람을 마치고 나면 주인이 직접 차를 내어준다. 우리 일행은 차를 우려내는 동안 동방미인의 수확 시기를 들을 수 있었는데, 단오절 전후 10일 사이라고 했다. 양력으로 따지면 대략 6~7월쯤이다. 부진자 벌레가 1cm 정도 자라 찻잎을 갉아 먹어야 채취할 수 있는데, 이때가 적기인 것이다. 앞서도 언급했듯 이런 설명은 예약을 하지 않으면 누릴 수 없는 호사다. 그러니 유흥차업문화관 방문을 계획하고 있다면, 필히 약속해야 한다.

무엇보다 내 눈에 인상적이었던 점은 주인의 차를 대하는 자태였다. 물을 따르는데 찻잎 하나 흐트러지지 않을 만큼 정교했고, 기품이 있었다. 아마도 대대로 가업을 이어오면서 본인도 모르게 물려받은 자부심에서 우러나오는 아우라이지 않을까 한다. 여기에 압도된 나는 그가 차를 우려내는 모습을 바라보며, 한 모금이라도 귀하게 받아들여야겠다는 경건한 마음이 절로 생겼다. 이로써 다른 공장에 비해 차 가격이 비싸도 납득 된다. 과거에 전체 물량을 영국에 수출한 위상도 있지만, 실제로 일반 쇼핑몰에서 판매하는 상품과는 품질부터 다름을 한번 맛보면 금세 알 수 있다.

　나는 첫 방문 이후로 대만 기행 일정마다 유흥차업문화
관을 빠트리지 않고 있다. 세대를 거쳐 축적된 기업에서만
느낄 수 안정감과 지속 가능성에 끌려서다. 또 찾는 횟수
가 거듭될수록 전통 건축물이 주는 상징과 가업 전승의 정
신이 어우러진 의미가 더 깊어진다. 거기다 그 자체로 하
나의 브랜드가 되어 지역의 명소의 자리를 꿰차고 있다는
사실만으로도 다인에게는 충분히 매력적인 장소라 가장
먼저 소개했다.

작은녹색매미가 우는 녹소선다원

두 번째 목적지는 '녹소선다원'으로 유흥차업문화관에서 5분 거리에 있다. 이곳에 가기 전에 먼저 일러둘 부분이 있다. 바로 부진자 벌레라고도 부르는 '작은녹색잎매미'에 관한 이야기다.

이 작은 벌레가 특별한 이유가 있다. 매해 차 수확 시즌이 끝나면 농가에서는 내부 평가를 실시한다. 이때 작은녹색잎매미 개체 수를 파악하여 등급을 매기고, 다시 차의 외관과 색, 향, 미에 따라 점수를 매긴다. 따라서 동방미인을 아는 사람들은 이 벌레에 대한 관심이 꽤 높다.

    이런 정보를 알아둬야 다원을 방문했을 때 벌레를 보아
도 놀라지 않을 수 있다. 그게 바로 친환경 재배를 위해 노
력한 흔적이니까. 더욱이 작은녹색잎매미는 농약에 취약
해서 서식한다는 자체만으로 무공해에 가깝다는 의미다.

    그런데 왜 동방미인은 벌레를 의도적으로 생기게 하면
서까지 친환경을 고집하는 것일까? 그 상태를 유지하려면
다른 해충도 감당해야 하는데도 말이다. 심지어 신죽현의
어매이향은 고온다습해서 곤충이 서식하기에도 안성맞춤
인 지역이다. 그러니 카메라에 담긴 찻잎을 따는 여인들이
하나같이 아래위 긴 옷에 장화를 신고, 챙이 넓은 모자를
쓰고 있을 수밖에 없겠다 싶다.

녹색 황금을 찾아 떠나는 대만차 기행

여기에 대한 궁금증은 동방미인 한잔을 받아 들면 즉시 해소된다. 여름에는 꿀향 또는 과일향을 내며, 겨울에는 은은한 꽃향이 나는데, 한 모금 넘기면 달콤하고, 상쾌함이 입안을 맴돈다. 이 모두가 작은녹색잎매미가 찻잎의 수분을 빨아들여 발효시켜 만든 결과물이다. 한마디로 동방미인 생산 과정에 작은녹색잎매미가 없어서는 안 된다는 이야기다. 그렇다고 작은녹색잎매미가 물었다고 해서 무작정 수확해서도 안 된다. 잎이 흰색, 노란색, 녹색, 빨간색, 갈색을 띄는지 확인해 일일이 손으로 따야 한다. 이렇게 잎마다 색이 다른 이유는 매미가 찻잎을 불규칙하게 물어서 발효 정도가 다르기 때문이다.

이쯤에서 왜 작은녹색잎매미여야 하는지도 의문이 생긴다. 이들은 특별한 입 모양을 가지고 있어 기계적 힘을 발휘하는데, 찻잎을 물어 수액을 흡수할 때 입안의 분비물과 찻잎이 반응한다. 전문적 용어로는 식물의 생체 내 항원 반응이라고 한다. 신기하게도 다른 곤충이 물거나 바늘로 찌르면 작은녹색잎매미가 물었던 것과는 달리 향긋한 향이 나지 않는다.

조금 더 깊이 설명을 하자면, 향을 내는 게 온전히 작은 녹색잎매미 타액의 효과만은 아니다. 녹색잎매미로부터 수액을 빼앗기고, 상처를 입은 나무는 스스로 방어기제를 작동한다. 이 과정에서 디메틸, 옥타디엔, 디올 등의 특수 성분을 생성함으로써 흰점박쥐, 흰눈썹껍껑거미 같은 작은녹색잎매미 천적을 불러들인다. 이에 따라 작은녹색잎매미의 접근을 막아 작물의 생장이 멈추거나 괴사하는 일이 일어나지 않는다.

물론 찻잎에 벌레가 생기면, 엽육이 손상되어서 성장에 방해를 받아 수확량에 직접적인 영향을 받는다. 그러나 동방미인만큼은 작은녹색잎매미의 도움을 받아야 좋은 등급의 차를 생산할 수 있으니 참 아이러니하다 싶다.

이렇게 동방미인에 없어서는 안 될 존재와의 만남을 기대하며 녹소선다원으로 향했다. 처음에는 성충이 청록색이지만 평균 크기가 2~3cm로 눈에 띄는 크기라서 확연하게 구분할 수 있으리라 기대했는데, 막상 차밭에 올라가 보니 이제 막 생겨나기 시작한 1~2mm 녀석들이 찻잎에서 꼬물거리고 있었다. 참고로 성충은 큰 매미 못지않은 큰 소리를 내는데, 우리가 방문한 때는 유충이라서 울음소리를 겨우 감지할 만큼의 수준이었다. 한편, 간간이 이들에게 물리기도 하는데, 해를 끼치려는 게 아니라 일종의 습성이라 한다.

나는 차밭에 방문할 때마다 찻잎을 따서 맛보는데, 여기서도 예외는 없었다. 그런데 대체로 생엽은 떫은맛이 강한데, 어릴 적 찔레 순처럼 유순했다. 거기다 잎이 여린데도 두껍고, 질겨서 딱 벌레들이 수액을 빨아들이기에 안성맞춤일 듯했다.

이런 찻잎은 등급에 따라 포장되는데, 패키지의 벌레 숫자 또는 별표로 확인할 수 있다. 참고로 별 5개가 가장 좋은 품질인데, 우리 일행이 방문한 4월 22일에는 지난해 별 3개짜리 등급을 겨우 획득할 수 있었다. 당연히 햇차 시즌이 아니었기에 이마저도 다행이다 싶었다.

이렇게 구매한 차를 우려내다 보면 발효 정도에 따라 꽃향, 꿀향, 사과향, 감귤향, 익은 과일향 등이 나는데, 특정 과일로 표현하기 어려워서 '종합과일향' 또는 '과일향'이라고 말한다고 보면 된다.

이만큼 다양한 향을 지닌 동방미인은 2가지 방법으로 우려서 즐길 수 있다. 하나는 따뜻하게 마시는 방법으로 자사호보다는 유리 또는 도자기 차 세트를 사용하는 쪽이 더 적합하다. 이때 물 온도가 아주 중요한데, 끓는 물을 잠시 식혀 85℃ 정도로 우리는 게 좋다. 또 다른 하나는 차게 마시는 방법으로 찬물 100ml에 차 1g을 넣고, 냉장고에 4시간 정도 보관했다가 마시면 된다. 콜드브루 방식은 꿀, 장미, 라임 등의 향이 환상적으로 어우러져 개인적으로 여름에 더위를 식히는 음료로 즐기고 있다.

🫖 특급을 탄생시키는 아미다장

맛과 향이 다채로운 만큼 장소를 옮길 때마다 어떤 색다른 매력을 만나게 될지 기대하게 하는 동방미인이다. 물론, 신죽현은 마을 전체가 동방미인 지구라고 할 만큼 주민 대부분이 차 산업에 에너지를 쏟고 있어서 큰 차이가 있을까 싶은 생각을 하게 한다. 게다가 대다수가 가업으로 물려받아 100년 이상 유지해 오고 있어서 세세히 들여다보지 않으면, 비슷비슷하게 여겨지는 것도 사실이다. 그러나 조금만 더 관심 있게 살피면 각각의 개성이 있고, 그들만의 스토리도 있다.

우선 규모 면에서 두드러지게 나타나는 특징이 있다. 소농가에서는 재배한 찻잎을 단순히 공장에 넘기거나 도매로 직접 판매하는 식이라면, 어느 정도 규모를 갖춘 다장에서는 재배에서 그치지 않고, 제다는 물론 제품 선별, 포장, 판매까지 One-stop으로 운영한다. 그야말로 하나의 기업이나 다름없다. '아미다장' 또는 '아미다행'이라고도 하는 이곳이 바로 후자에 속하는 기업형 다장이다.

아미다장이 처음부터 차 농사를 짓지는 않았다. 3형제가 차 농가에서 제품을 구입해 판매하는 수출입 전문 기업 아미찻집이 발단이 되어 현재에 이르렀다. 이 흐름이 자연스러웠던 이유가 있다. 초창기에 농가로부터 찻잎을 공급받다 보니 차를 선별하는 기준이 명확했고, 좋은 차를 구하기 위해 고산 지역의 차 산지를 수도 없이 오르내리며, 관련 지식이 쌓였다. 이렇게 견고해진 노하우는 차밭 관리, 차 재배, 수확 및 생산부터 차의 로스팅, 포장 및 배송에 이르기까지 전 과정을 직접 관리 감독하는 경지에 다다르게 했다. 당연히 100년 전 서진용 선생이 본인의 차밭에 묘목을 심지 않았다면, 이후 4대까지 내려오면서 끈기와 열정으로 지켜내지 못했다면, 지금의 아미다장은 없었을 테다.

이처럼 다장으로서 깊은 뿌리를 내리고 있고, 형제들이 함께 경영하고 있으니 아미다장의 자긍심은 꽤나 두텁다. 실제로도 그들이 만들어내는 차가 해마다 우수 제품으로 선정되고 있으니 그 기세가 나날이 높아질 수밖에 없다. 그럼에도 이들은 더 많은 사람과 좋은 차를 나누고 싶다며, 항상 겸손한 자세로 넉넉한 인심을 보여준다.

이 다짐은 아미다장 곳곳에 스며 있다. 위치는 신죽현이지만 동방미인에 한정하지 않고, 대만의 웬만한 고산차를 가져다 놓은 현장만 봐도 알 수 있다. 특히, 여기서만 맛볼 수 있는 난터우의 리산차도 있으니 '차 백화점'을 방불케 한다. 대체 주인이 얼마나 많은 차 산지를 다녀야 한 곳에서 수십 종에 이르는 차를 맛볼 수 있을까? 더욱이 각 차가 서식하는 곳 해발이 낮게는 500m, 높게는 1,700m에 이른다는 사실을 안다면, 그들의 발품과 찻잎 하나하나에 감사하지 않을 수 없다. 그런데 이토록 수고스럽게 차를 구비해 놓고도 가격은 누구나 편하게 구입할 수 있을 정도로 매우 저렴하다.

아미다장이 최근 들어 더욱 특별해진 이유가 있다. 그들만의 다양한 로스팅 기법으로 백차, 녹차, 청차, 홍차의 새로운 맛을 창출 중이라는 점이다. 이를 위해서는 기본 제다를 마친 후, 로스팅 시간과 온도에 차이를 두어야 하는데, 번거롭더라도 기꺼이 시도한 목적은 맛과 품질을 한층 올려서 소비자의 선호도에 따라 만족감을 충족시키는 데 있다.

이로써 청향의 맑고 향기로운 맛이 있는가 하면, 뒷맛에 숯불맛이라고 할 만큼 많이 홍배한 즉, 건조 과정을 마친 차를 약한 불에서 서서히 건조해 차의 향기를 더 강화한 상품을 선보이고 있다. 특히, 숯불맛 차는 현재 대만에서 마니아층을 형성할 정도로 인기가 높다고 한다.

이 같은 아미다장의 고객을 향한 정성이 통했는지 지갑을 여는 일행이 많았다. 심지어 동전까지 탈탈 털어도 비용이 모자라 애교를 더해 구매했다. 그래도 다들 하하 호호 흡족해하며 돌아섰다. 이 와중에 나는 아미다장만의 특별함과 차 이야기를 더 나누고 싶어 다음엔 시간을 넉넉히 내어야겠다는 계획을 세웠다.

🍵 또 하나의 명소, 당성도예

'당성도예'는 2023년만 다섯 차례 방문한 곳이다. 특별한 인연이 있어서가 아니라 그저 대죽계 선생의 혼이 빚어낸 다구茶具를 향한 애정이었다. 그의 작품에 첫눈에 반했음은 내가 차를 마실 때마다 당성잔의 온기와 개완의 오묘한 색감을 감상하며, 위로를 받는다는 사실만으로도 충분히 설명될 듯하다.

이렇게 늘 내 마음을 훔치고 있는 당성도예는 차와 다구 애호가들 사이에서 인지도가 상당히 높다. 더욱이 대죽계 선생이 도자기 장인으로도 널리 알려져 있지만, 그의 차를 향한 사랑은 대만을 넘어 중국 본토 보이차에까지 이른다. 그래서 본인이 좋아하는 차를 더 잘 즐기기 위해 찻잔 만드는 일에 적극적이었는지도 모른다는 생각이 든다.

그런데 그의 손끝에서 태어난 모든 다구는 오히려 심플하다. 인간의 순수한 감정을 최대한 단순하게 담으려 했다는 그의 고백이 있을 만큼 꾸밈이 없다. 말 그대로 그는 자연적인 미美를 좇았다. 작은 무늬 하나도 사람이 바라보는 각도에 어긋남이 없도록 정성을 기울였다. 그렇다고 품격이나 예술성이 떨어지지는 않는다. 아니, 그 반대로 꽉꽉 채워졌다. 전 세계에서 사랑받고 있으니 그 자체로 증명된 셈이다.

이런 그의 작품성은 오색자사호에 더 잘 드러난다. 형식적이지 않은 색감을 표현하고자 식용 색소를 이용하여 파란색과 노란색 자사호를 완성했는데, 일각에서는 이를 두고 자연적인 순수함 속에서 화려함을 찾아, 가장 유려한 도시적 감각을 탄생시켰다고 평가한다. 그러면서도 그림에는 여백을 두어 여유로움까지 챙겼다.

또 다른 자사호의 특징은 대체로 두께감이 있고, 거친 듯 투박하다는 점이다. 얇고 가볍지 않아서, 매끄럽고 단조롭지 않아서 그의 혼이 고스란히 담겨 있는 듯하다. 그러니 다들 대죽계 선생의 작품을 두고 1,000가지의 얼굴을 지녔다고 하는 게 아닐까. 실제로도 일반적인 도예품과는 다른 모양이 많다. 특히, 여인상을 한 주병과 다호, 자연 형상을 한 자사호는 금액을 예측할 수 없을 정도다.

이뿐만 아니라 그가 만들어 내는 8가지의 색감은 화려하면서도 교차하는 색이 없다. 이는 그가 미술에도 특별한 재능과 재주가 있었음을 시사한다. 지인이 구름이 떠다니는 커피잔을 선물했는데, 그것을 받아드는 순간 구름 속을 거니는 듯했다. 이제 와 생각해 보니 그 찰나에 당성도예에 더 깊이 매료된 게 아닐까 한다.

누구나 그렇듯 무언가에 흠뻑 빠지면, 그와 관련해 자세히 알아보고 싶은 마음이 생긴다. 나 역시 진열된 작품을 하나하나 음미하다 보니 대죽계 선생이 더 궁금해졌다. 물론, 이미 세상을 떠나 직접 만나볼 수는 없지만, 방법은 찾으면 있기 마련이다. 이때 내 눈에 들어온 게 매장 한 쪽의 대죽계 선생의 연혁이었다.

온통 한자로 되어 있으니 번역기를 꺼내 들 수밖에 없었다. 한 줄, 한 줄 겨우 읽어 내려갔지만, 차츰차츰 그에게 다가가는 시간이 새로운 경험이자 배움이었다. 그렇게 모든 내용을 이해하고 나니, 그가 걸어온 삶의 여정이 머릿속에 선명히 그려졌다. 대략 정리하면, 초등학교 교사로 사회에 첫발을 내딛은 대죽계 선생은 그림과 도자기 작품 활동에 두각을 나타냈다. 그저 가볍게 즐긴 정도가 아니라 기회가 닿을 때마다 전시회를 마련했고, 그 과정에서 더 발전하기 위해 정진했다. 덕분에 수상 경력도 상당하다.

한편, 대죽계 선생의 작품에는 난초와 대나무를 새겨 넣은 작품이 많다. 당성도예를 상징하는 마크인 눈 모양을

바닥 면에 각인해 두기도 했지만, 난초와 대나무 문양도 눈에 띈다. 이는 찻그릇이 누구나 찾는 편안한 그릇이 되었으면 하는 염원을 그의 방식대로 표현했다고 해석할 수 있다.

그가 찻그릇의 대중화를 위해 말로만 실천한 게 아님을 보여주는 증거가 있다. 해마다 새로움을 더해 '대만 도자기대회'에 출전하여 디자인상을 수상한 게 그것이다. 그때마다 출품한 작품을 살펴보면, 천연의 여유와 멋과 풍경을 담아내면서도 실용성을 놓치지 않았다.

그는 거기서 멈추지 않고, 생활도자기 영역으로도 뻗어나갔다. 이 사실을 몰라서 생긴 재미있는 에피소드가 하나 있다. 당성 다완이 한국에서도 귀한 대접을 받는 터라 나는 현장을 방문했을 때, 다완으로 보이는 모든 그릇을 꺼내어 구입하려고 했다. 그랬더니 대부분 우동 그릇이라고 하는 게 아닌가. 그 말을 듣고 제자리에 가져다 놓으며 속으로 허허실실 웃었던 게 지금도 생생하다.

이런 헤프닝이 생길 정도로 나는 대죽계 선생이 남긴 작품을 나의 다실에 모조리 옮겨오고 싶었다. 이 욕심에 한 해에 다섯 번 연달아 방문하면서 찻잔 수백 개와 개완은 색깔을 불문하고, 유작을 모두 구입했다. 두 번 다시 보지 못 할 것 같은 색감 화려한 공도배와 커피잔 세트, 탕관과 화로도 고이 들고 왔다. 그로 인해 지갑은 가벼워졌지만, 진귀한 작품을 두고두고 볼 수 있다는 행복감에 가슴이 벅차올랐다.

이 감동은 현재도 이어지고 있다. 다름 아니라 내 다실을 찾는 이들에게 당성 찻잔을 내놓으면, 이야기꽃이 끊이지 않아서다. 손에 잡히는 느낌부터 차 맛에 이르기까지 몽땅 당성 찻잔을 통해 쏟아진다. 색이 주는 안정감은 물론이거니와 그 색으로 하여금 명상에 빠져들게 하는 오묘함이 있다. 그중 하얀색 개완은 아주 깊은 감성에 젖어 들게 한다.

아마도 당성 찻잔에 대한 나의 칭찬 일색에 대죽계 선생의 작품을 만나보고 싶을지도 모르겠다. 만일 그렇다면 내가 운영하고 있는 경주의 '다다티하우스'를 찾아도 좋고, 대만 여행을 계획하고 있다면 박물관에 방문하면 될 듯하다. 아직 완공되지는 않았지만, 앞으로는 그곳에서 그의 유작을 감상할 수 있다. 여기에 더해 당성의 명성을 이어가기 위해 그의 제자들이 생활도자기로 재탄생시켜 유통한다고 하니, 참 기쁜 소식이다.

그런데 이런 의문이 생겼다. '왜 사람들은 당성 잔에 열광할까?' 본디 궁금한 건 직접 알아봐야 하는 사람 중 하나라 나는 바로 실험을 했다. 20대 대학생, 30대 직장인, 40~60대의 나에게 수업을 듣는 수강생 그룹으로 나누어 내 다실에 초대해 '잔'을 주제로 한 다회를 열었다. 방식은 단순했다. 블라인드 처리된 7개 회사의 잔에 우려낸 차를 따라 마셔보고, 차 맛이 가장 좋은 순서대로 잔을 놓도록 했다. 놀랍게도 매회 당성 찻잔이 1번 자리를 놓치지 않았다.

이에 나는 하나의 실험을 더 해보고 싶었다. 차의 우림 온도와 찻잔의 모양, 두께에 따른 맛의 차이가 알고 싶어진 것이다. 그래서 단맛, 짠맛, 쓴맛, 신맛, 매운맛은 어떤 온도에서 가장 맛있는지부터 살펴봤다. 그랬더니 단맛은 30~40℃, 짠맛은 30~40℃, 쓴맛은 40~50℃, 신맛은 5~25℃, 매운맛은 50~60℃에서 가장 잘 느껴진다는 정보를 알 수 있었다. 즉, 각각의 맛은 온도에 따라 느끼는 정도가 다르다는 이야기다. 짐작은 했지만, 온도가 음식의 맛을 좌우한다는 게 새삼 신기했다.

그런데 커피를 즐기는 사람이라면, 처음 한 모금 들이켰을 때는 쓴맛이 주를 이루지만, 살짝 식었을 때는 단맛, 신맛, 쓴맛 등이 골고루 퍼지고, 향도 더 진하게 느껴지는 경험을 한번쯤 해봤을 테다. 이처럼 같은 음식이라도 온도에 따라 맛이 다르게 전해진다. 다만, 너무 뜨겁거나 차가우면 음식 맛을 제대로 느낄 수 없다는 공통점이 있다.

그럼, 차 맛을 제대로 음미할 수 있는 온도는 어느 정도일까? 일반적으로 80~85℃ 사이가 가장 맛있다고 한다. 앞서 너무 뜨거우면 안 된다고 했는데, 살짝 높은 온도라 고개를 갸우뚱하게 만든다. 그러나 대부분의 차가 단맛, 짠맛, 신맛, 쓴맛, 감칠맛을 모두 품고 있다는 점을 감안하면, 조금은 특별한 온도일 수도 있겠다 싶다. 그리고 실험 결과를 봤을 때, 당성 잔이 가장 맛있는 온도를 유지해 주는 적합한 조건을 갖추고 있다는 확신이 든다.

1,500고지의 농가, 복수산순운차원

　대만의 차 기행 루트는 늘 비슷하다. 신죽현의 동방미인 지역을 둘러보고, 다음 날은 무조건 아리산으로 향한다. 그런데 하루 전에 신죽에서 가의까지 가둬야 한다. 아리산이 신죽에서 약 3시간 떨어져 있어서 시간을 단축하기 위함이다.

　아리산은 해발 고도 약 2,500m로 그 여정이 만만치 않다. 그럼에도 아름다운 풍경에 둘러싸인 차밭은 매번 설레게 하니 빼놓을 수 없는 코스다. 게다가 대만 5대 불가사의로 꼽히는 일출, 일몰, 운해, 삼림, 철도를 모두 품고 있을 뿐만 아니라 아리산 고산차를 한 번이라도 마셔 본 사람이면, 어떤 고생도 마다하고 기필코 가고 싶어 할 곳이다. 멀미약까지 챙겨 먹는 일행이 있을 정도니 그 매력은 이루 말할 수 없다. 설령, 평소 멀미를 하지 않는다고 하더라도 대비를 하는 게 좋다. 차를 타고 굽이굽이 능선을 몇십 번을 오르내리는 일이 결코 호락호락하지 않기 때문이다.

이런 아리산을 올라가다 보면 마치 구름 위를 걷는 듯한 기분이 든다. 또 중간 중간 허리를 펴고, 주변을 둘러볼 때마다 곳곳에 펼쳐진 차밭은 한 폭의 그림과도 같다. 동시에 '저 높고 가파른 곳까지 어떻게 올라가나?' 하는 염려도 생긴다.

이쯤 되니 이토록 높은 고지에 어떻게 관광객들이 오르내리게 되었는지 궁금해진다. 바로 1970년대에 개통된 아리산 고속도로 덕분이다. 그 이후, 아리산의 명성은 더 자자해졌고, 농산물 판매 시장이 형성되면서 생산과 판매의 거점이 되었다.

우리 일행이 방문한 곳도 그중 하나다. 30년 동안 그
자리를 지켜온 농가가 운영하는 차 공장 '복수산순운차원'
에서는 채엽부터 제다까지 이루어진다. 또 이를 특성화하
여 차밭 투어와 차 공장 견학 프로그램을 연중 오픈함으로
써 1,500고지임에도 찾을 때마다 방문객으로 가득하다.
경관이 빼어나니 현지인들의 드라이브 코스로도 제격이다
싶다.

　　이 밖에도 눈여겨볼 부분이 많은 곳이다. 2017년에 차
밭으로 공장을 이전하면서 관광 농업으로 육성 중인데, 한

눈에 봐도 최신 AI 시스템을 갖추고 있음을 알 수 있다. 가장 대표적인 요소가 습도계와 온도계 그리고 스프링클러다. 이는 차를 재배하기에 알맞은 흙 상태를 유지하고, 언제든지 간편하게 수분을 공급할 수 있게 해줄 뿐만 아니라 직원들의 일손도 덜어준다.

그러나 이 외에는 옛 방식을 지키고 있다. 재배, 채엽, 제다 등 모두 수작업으로 이루어진다. 특히, 채엽은 여전히 손 따기를 해 한 잔의 차를 맛보기까지 시간도 오래 걸리고, 노동력도 몇 배로 요구된다. 아마 부모님과 함께 동고동락하는 아들 또 한 도시로 나가지 않는다면, 이곳만의 문화를 대물림해 가지 않을까 한다.

한편, 복수산순운차원의 차는 향이 오래 지속되고, 쓴맛이 적다. 이는 기후에 따라 자연적으로 생기는 찻잎 자체의 향에 의한 현상이다. 이에 따라 제다실에 들어서면, 아찔할 정도로 향기가 진동을 한다. 꽃향인 듯도 하고, 과일향 같기도 한데, 때로는 젖 내음 같기도 해 엄마 생각이 난다.

이렇게 차향에 취해 안으로 이동하니 찻잎을 가득 올려 둔 채반이 눈에 들어왔다. 그것이 우리 일행을 반긴 향의 근원지였다. 보통 찻잎을 채취한 후에 8~12시간가량 흔들고, 한자리에 두면서 산화시키는 주청 단계를 거치는데, 이때 잎에 상처가 생겨 산화가 되면서 진한 향기를 낸다. 참고로 이 과정에서 차의 색·향·맛이 바뀐다.

마음 같아서는 그 순간에 더 머물렀으면 했지만, 여주인의 안내에 따라 건조와 홍배를 하는 기계 쪽으로 이동했다. 본디 호기심이 많은 나는 그 공정의 온도와 시간 그리고 횟수가 궁금해 얼른 온도부터 체크했다. 건조만 시킨 차와 건조한 다음 다른 온도로 맛을 입힌 홍배를 거친 차의 맛이 천차만별이란 걸 알고 있어서 미리 이곳 차의 맛을 가늠해 보려는 의도도 있었다.

드디어 차 맛을 보는 시간이다. 길쭉하게 생긴 차향을 즐기기 위해 고안된 향 전용 찻잔인 문향배를 이용해 차를 내어주었다. 그만큼 차의 향에 자신이 있다는 의미로 받아들여졌다. 주인이 알려주는 대로 향을 먼저 음미하고, 차를 머금었다. 청향이 아지랑이처럼 코끝을 간질였다. 이게 아리산의 향이구나 싶었다.

개인적으로 이번 기행에서 새롭게 알게 된 사실이 있다. 규모와 관계없이 농가마다 고객과의 거리를 좁히기 위해 쇼핑몰과 SNS를 적극적으로 운영을 한다는 점이다. 그저 누군가가 찾아오기를 기다리는 게 아니라 두 손 두 발 걷어 부치고 영리하게 움직이는 기운이 느껴졌다.

다다오청에서 만난 옥산우롱차

한번은 수강생들과만 가는 게 미안해서 가족과 대만 여행을 했다. 이때는 차 산지를 찾지 않고, 온전히 관광지 중심으로 다녔다. 그래도 그냥 돌아가기에는 아쉬워서 마지막 하루는 혼자 다닐 수 있는 시간을 달라고 양해를 구하고, 계획해 두었던 몇 곳에 방문했다. 그중 한 곳이 '다다오청'이었다.

나는 그곳에서 몇몇 차를 시음해 보고, 입맛에 맞는 차 2가지를 구매해 왔다. 그중 옥산우롱차를 꺼내 우려내면서 그날을 회상했다. 계산하면서 '산지보다 터무니없이 비싸네.'라고 생각하면서 아까워했지만, 그 또한 추억 속 한 자락이라 나를 감성에 젖어 들게 했다.

이렇게 나를 단숨에 대만으로 데려간 옥산우롱차는 고산차에 속한다. 참고로 해발 고도가 3,952m인 옥산은 아리산과 이어지는 대만에서 가장 높은 산으로, 아름다운 풍광 덕분에 등산객의 발길이 끊이지 않는다. 특히, 일출과 일몰이 놀라울 만큼 빼어나다고 하니, 그곳으로 발걸음하는 이들의 마음이 충분히 헤아려진다.

이러한 옥산에는 우롱차 외에도 다양한 차가 생산되는데, 천둥, 번개, 비, 바람, 눈, 안개와 같은 자연 현상에 오롯이 영향을 받아 같은 고산차라 하더라도 차 맛이 각양각색이다. 게다가 최근에는 블렌딩이 다채로워져 색다른 우롱차 맛을 볼 수 있다.

우연히 들른 한 미술가의 다실에서 만난 우롱차도 그랬다. 거기서 마신 매괴우롱은 장미와의 조합이 일품이었는데, 이 외에도 재스민우롱, 계화우롱, 진피우롱 등 우롱차의 청향과 농향에 꽃이나 향신료를 더한 차가 많이 나오고 있다. 또 '천인명차'에서는 밀크티를 대중화시킨 브랜드 '공차'처럼 철관음 아이스를 비롯해 동방미인 밀크티, 동방미인 셔벗 등 대만을 대표하는 차를 이색적인 스타일로 선보이고 있다.

고산차의 양대 산맥, 리산·대우령차

이왕 고산차 이야기를 꺼냈으니 더 자세히 알아보자. 대만의 고산차에도 종류가 다양해 간혹 추천을 해달라는 부탁을 받는다. 그때마다 나는 전반적으로 부드럽고, 뒷맛이 강한 단맛을 내어 호불호가 적은 '리산차'와 '대우령차'를 권한다. 이는 일교차가 큰 고산 지역에서 생산하는 차에 나타나는 특성으로, 아리산 18봉우리 가운데 가장 높은 대우령과 그와 맞닿은 리산에서 재배한 차이니 그 맛과 향의 결과가 당연하게 여겨진다.

그런데 두 차가 애초부터 따로 불리지는 않았다고 한다. 리산과 대우령 산맥이 맞닿아 있어서 리산차 혹은 리산대우령차라고 더 많이 불렸다. 여기에는 리산의 유명세를 이용하려는 의도가 있었는데, 현재는 대우령 자체의 명성이 높아져서 구분하여 표기하는 경우가 많다.

이를 미루어 보면, 대우령차가 리산차보다 후발주자임을 알 수 있다. 대체로 유명세를 먼저 탄 이름을 따라 하니까. 실제로도 차 생산지는 리산에서 앞서 형성되었다. 그러나 세월의 흐름에 따라 차 농가의 포화로 차밭 계발이 힘들어졌고, 점차 아리산 지역으로 여러 농가가 자리를 옮겼다. 이로써 대우령차가 알려진 기간은 불과 20여 년밖에 되지 않는다.

이런 대우령차와 관련해 재미있는 사실이 하나 있다. 바로 대우령의 '중횡공로' 부근에는 어떠한 경우에도 차밭 조성이 금지되어 있다는 점이다. 이곳은 대우령차의 원조 임가빈 대표가 가장 먼저 자리를 잡은 지점으로 여러 농가에서 그의 공로를 인정하며, 그 영역을 지켜주고자 한 약속인 듯하다.

그렇다면 대우령차가 어떻게 짧은 시간에 고급 차로 자리매김할 수 있었을까? 또 해발 2,636m 지역에 어떻게 사람들이 살게 되었을까?

우선 전자부터 짚어보자면, 리산차를 생산하던 농민들의 재배 기술과 고산차를 재배하기에 적합한 낮과 밤의 기온차가 크고, 안개가 많은 자연환경이 만나 시너지 효과를 냈다. 그 결과, 쓴맛과 떫은맛이 적고, 부드럽고 온순한 향 덕분에 많은 사람이 찾게 되면서 빠르게 인지도를 높일 수 있었다. 반대로 단점도 생겼다. 무엇이든 잘나가게 되면 그를 겨냥한 가짜가 나오기 마련인데, 대우령차에도 이 같은 상황이 발생하고 있다. 저지대 평지차에 대우령을 붙여 둔갑하는 경우가 종종 있어서 대우령차를 구매할 때는 주의를 기울여야 할 정도다.

다음으로 후자와 관련해서는 지리적·역사적 지식이 필요하다. 여기에서 깊이 있게 다루기에는 내가 해당 전문가도 아닐뿐더러 차 기행이라는 본질에 벗어날 듯해 간략히 언급해 보자면, 대우령은 북서쪽의 난터우현 레나이향 룽싱마을과 화롄시 시렌향 푸시마을의 교차점에 위치한 원시림이다. 또 중앙산맥과 해발 3,416m의 합환산과도 연결되어 있어 교통상으로 매우 중요한 역할을 한다. 여기 주민은 정확한 연도는 알 수 없지만, 먼 옛날 말레이시아에서 통나무배를 타고 건너온 이민족으로 알려져 있다.

다시 본론으로 돌아와 이야기를 이어가 보면, 대만에서 고산차라고 불릴 수 있으려면 해발 1,500m를 넘어야 한다. 그 가운데서도 대우령의 가장 높은 차 산지는 해발 약 2,300~2,800m에 달한다. 이처럼 고도가 높으니 찻잎의 성장 속도는 느리나, 찻잎이 두꺼워 찻물의 점성과 폴리페놀의 내포도가 높다.

특히, 리산과 대우령에서 나는 우롱차는 단연 으뜸이다. 하지만 1976년에 최초로 3,000그루를 심은 후로 1년에 2번 채취, 그것도 손으로 수확하니 생산에 한계가 있다. 그래서 리산·대우령 우롱차를 처음 접하는 이들은 높게 책정된 금액에 흠칫 놀라기도 하지만, 모든 공정을 알고 나면 수긍하게 된다. 더불어 아리따운 소녀 같은 맑음과 섬세하고 부드러운 맛과 향을 지닌 한잔을 마주하고 나면, 그 매력에 흠뻑 빠지게 된다.

말했듯이 대우령차는 연중 생산하는 다른 차와 달리 매년 두 차례만 생산이 이루어진다. 대략 봄 차는 6월 초, 겨울 차는 10월 중순으로 기억하면 되는데, 이마저도 산지에서 전량 소비된다. 그만큼 대만 사람들이 대우령차를 높이 평가하고, 귀하게 여긴다는 증거가 아닐까 한다.

한편, 현재 대우령의 다원은 경사도 60~70°, 낙차 약 100~200m로 산사태와 오염 문제가 자주 언급된다. 이를 이유로 국가에서 계단형 다원 및 일부 차 농사를 금지하고 있다. 이 와중에도 대우령의 명성으로 주변에 생산된 차를 대우령 명칭으로 사용하고 있으며, 여전히 원주민들이 재배하는 차도 있어서 그 맥을 이어가는 중이다. 일본에서 중국 10대 명차를 선정할 때 대우령차가 1위에 오를수 있었던 것도 이 같은 끝없는 품종 개량과 다원 조성의 힘이 뒷받침되었던 게 아닌가 짐작해 본다.

 안개와 구름이 키우는 아리산 고산차

앞서 리산차와 대우령차에 대한 이야기를 하면서 아리산을 언급했다. 고산차를 다루면서 아리산을 가볍게 스치고만 지나가기에는 아쉬워 소소한 정보와 함께 내가 느낀 아리산을 잠시 나눌까 한다.

말했듯이 아리산은 고도가 높아 일조 시간이 짧고, 기후 변화가 크며, 아침저녁으로 안개에 휩싸인다. 이런 천혜의 자연환경에서 자란 찻잎은 부드러우면서도 두께가 있고, 쓴맛이 적은 대신 단맛이 두드러진다. 그래서인지 아리산의 고산차를 마시는 이들은 감미롭다고 하는데, 깔끔하면서도 달콤하고, 목 넘김이 부드러워 이런 표현을 사용하는 듯하다.

그런데 아리산 고산차의 맛보다 더 매혹적인 건 산지의 풍경이다. 하얀 안개에 휩싸인 산봉우리, 곳곳에 흐르는 맑은 샘물, 수채화처럼 펼쳐진 차밭은 아무리 연거푸 여러 차례 방문해도 압도적으로 다가와 나도 모르게 탄성을 지르게 한다. 또 올라가는 길목에 줄지어 있는 다원은 그야말로 진풍경이다. 저 한 집, 한 집이 모여 지금의 아리산 고산차의 명성을 만들어 냈다는 생각에 가슴이 벅차오른다.

이보다 더 기쁜 소식은 여러 농가에서 제다 시설을 업그레이드하고 있다는 점이다. 이는 기행 중에 방문한 한 다장에서 직접 눈으로 목격했다. 몇 해 전까지만 해도 차를 여러 번 우려낼 수 있도록 찻잎에 직접적으로 상처를 주지 않기 위해 면보에 싸서 비비는 포유 작업을 하려면 7번을 반복하느라 온종일 매달려야 했지만, 이제는 기계의 힘을 빌려 압축을 해 어떤 찻잎도 손쉽게 과두형으로 만들어내고 있었다. 이에 따라 자연스레 일손도 줄어들고, 많은 차를 빠르게 보급 중이다. 이뿐만 아니라 찻잎에 직접적인 상처

가 줄어듦으로써 내포성이 길어져 향도 오래 지속된다고
한다.

한편, 아리산이 유명 차 산지라고 해서 다인들만 찾는
건 아니다. 파셴산, 타이핑산과 함께 대만 3대 명산이기도
하고, 삼림철도로 인해 쉽게 고산 지역을 오를 수 있으니
해마다 수많은 관광객이 몰린다. 참고로 아리산의 삼림철
도는 일제강점기에 아리산의 아침 안개를 맞고 자라는 양
질의 붉은 노송나무를 발견한 일본인들이 이를 목재로 사
용하기 위해 운송 수단으로 설치한 것인데, 페루 고산열차
와 다르질링 히말라야철도와 아울러 세계 3대 산악철도로
꼽힌다. 그래서 다음에는 소수정예로 역사적·문화적 가치
가 높은 삼림철도를 이용해 기행을 해봐도 좋겠다 싶다.

 **우롱차인가? 고산차인가?**

아리산 우롱차와 아리산 고산차는 대만차 기행이 아니더라도 평소 대만차를 즐겨 마시는 사람들이 자주 접하는 명칭이다. 그런데 전문가가 아니라면, 아리산이 붙어 있어서 둘을 같다고 봐야 하는지 전혀 다른 영역이라고 해야 하는지 헷갈린다. 그럼, 무엇이 맞을까? 우롱차 중에 고산차가 있고, 평지 우롱차보다 고지대의 우롱차를 으뜸으로 여긴다고 보면 된다.

이런 고산 우롱차는 대만 시내 중심가에서 테이크아웃으로 많이 사용하고 있는데, 개인적으로 무더운 여름 저녁, 길거리를 다니며 마시는 아이스 우롱차 맛이 환상적이라 다실에서도 종종 차게 우려 마시곤 한다. 원래도 향과 함께 맛을 즐기는 차는 가급적 낮은 온도로 우림 시간을 길게 갖는 게 좋다.

또 밀키우롱이라고도 하는 '금훤차'는 신선한 과일향과 우유 또는 바닐라에 버금가는 고소함으로 디저트 대용으로 식후 차로 많이 마시는데, 고산차 중에서도 우수 등급으로 평가받는다. 이에 따라 한국의 한 업체에서는 복건성의 철관음에 밀키향을 입혀서 금훤을 개발하기도 했다. 찻잎에서 유향이 나니 호기심을 자극하게 하고, 맛 또한 감탄사가 절로 나올 만큼 매혹적이라서 그 맛을 따라잡기 위해 연구한 게 아닐까 한다.

그런데 앞서도 잠시 언급했지만 아리산 고산차의 명성만큼 고도에 관계없이 고산차를 붙여 파는 곳이 많다. 해발에 따라 맛도 향기도 품질도 다른데도 눈속임을 한다. 이러한 현상은 산지가 아닌 일반 시장에서 더 많이 일어나는데, 그 가격 차이 또한 엄청나다. 실제로 나와 함께 간 일행이 아리산 1,500m 고지에서 구입한 차를 어느 가게에서는 4배 비싼 값에 거래되고 있었다. 그런데 이마저도 제대로 된 고산차인지 확실치 않으니 수고스럽더라도 아리산으로 향하게 된다.

한편, 아리산에서 재배하는 대부분의 차는 과거에 복건성에서 이민해 온 이들에 의해 심어진 것이었는데, 최근 고산차가 많은 관심을 받게 되면서 각 다원에서 그들만의 품종을 개발함에 따라 종류가 다양해졌다. 따라서 유독 품종을 많이 따진다는 느낌을 많이 받는데, 아리산 차는 엄밀하게는 청심우롱종이다. 그래서 우롱차라고 불린다는 추측이 가능하다.

청심우롱종의 대표적인 특징은 깨끗한 청향과 맑은 단맛과 짙은 뒷맛이다. 그중에서도 봄에 딴 찻잎은 부드러운데다가 떫은맛이 거의 없고, 입안에 남는 여운이 길어서 호불호가 적어 대중적이다. 이런 맛을 내려면 찻잎이 몇 장 되지 않은 시점에 수확해야 하는데, 다관茶罐에서 풀어진 모습을 보면, 하나의 줄기에 잎이 서너 장 붙어 있는 걸 관찰할 수 있다.

 ## 고산차에 열광하는 이유

    몇 해 전, 지인의 대만차 기행 경험담을 들었을 때만 해도 다른 세상 이야기 같았는데, 벌써 아리산을 몇 차례 다녀온 사실에 감회가 새롭다. 그리고 처음에는 그저 차 산지 방문이 목적이었는데, 이제는 고산차에 열광하는 이유까지 살펴보게 되니 그만큼 대만차를 향한 애정이 깊어진 듯하다. 그렇다면 왜 현지인을 비롯해 대만차 마니아 사이에서도 '대만차=고산차'라고 인지할 만큼 고산차를 고집하는 걸까? 또 그중에서도 아리산 고산차를 선호하는 걸까?

    알려진 바에 의하면 세계에서 가장 양질의 차는 북회귀선 50km 이내의 안개가 많은 지역에서 생산된다고 하는데, 아리산은 이 기준에 적합하다. 여기에 더해 연간 강우량이 4,000mm로 한국의 연평균 강우량 1,274mm와 비교했을 때 3배 이상 높아 습도가 높고, 여름 최저 기온이 10℃, 한겨울에도 찬바람에 잘 노출되지 않는 기후·지형 조건을 고루 갖추고 있다. 즉, 차가 생육하기에 제격인 곳이다.

물론, 아리산의 모든 차가 우수한 품질로 평가받는 건 아니다. 품질은 해발에 비례하는데, 그래서인지 대만에서 찻집을 방문해 보면 해발 고도와 차 산지의 차명이 적힌 지도를 벽에 걸어 둔 걸 볼 수 있다. 그러나 이 지도를 확인하지 않더라도 직접 맛을 보면, 차 산지 고도의 높고 낮음을 알 수 있다. 왜냐하면 고지대의 차는 농밀하게 퍼지는 특유의 맛과 상쾌한 향이 감도는 반면, 저해발의 차는 크지 않은 일교차와 많은 일조량에 의해 맛이 매끄럽지 않고, 향도 빠르게 사라지기 때문이다. 이에 따라 원시림우롱 또는 리산우롱과 같이 고도가 꽤 높은 곳의 차를 마시면서 목 깊숙이 느껴지는 청량감과 민트향에 흠뻑 취하고 나면, 선뜻 다른 차를 마시고 싶지 않다는 생각이 든다. 그만큼 호불호가 없는 차가 대만의 고산차다.

그런데 같은 다원이라고 해서 매번 차의 품질이 동일한 건 아니다. 매년 달라지는 기후와 강수량이 많은 영향을 미치기 때문이다. 그런 가운데서도 위조, 살청, 유념, 건조, 홍배, 탄배 등의 제다 기술을 적절하게 조절해 미세한 차이는 있더라도 흔들리지 않는 맛과 향을 내놓는 걸 보면, 수십 년 차밭을 일구어 온 그들만의 노하우에 경의를 표하게 된다.

대만 고산차의 맛에 대한 설명을 조금 덧붙여 보자면, 크게 2가지 특징을 지닌다. 우선 청량감이다. 차의 맛에 집중하여 음미하면, 코와 목에서 세밀하게 느낄 수 있다. 이를 고산기라고도 하는데, 기온의 차이가 클수록 고산기가 강하게 나타나는 동시에 여운도 길다. 따라서 청량감의 강도에 따라 차 산지의 고도를 예측할 수 있고, 이 식별은 몇 번의 시음 연습만으로도 충분히 가능하다.

나는 나를 찾아온 손님이나 내가 운영하는 찻집에 방문하는 고객에게 이 맛을 체험해 주고 싶어서 입을 다문 채로 숨을 내쉬어보라고 권한다. 그러면 다들 양 볼로 퍼지는 민트향에 한 번, 부드러운 목 넘김에 한 번 감탄을 한다. 이러한 특성은 중국 본토의 녹차, 백차, 청차, 흑차에도 나타나지만, 발효도가 높은 홍차나 흑차류 중 보이차 숙차는 예외다.

고산차의 또 하나의 특징은 회감回甘으로 '돌아오는 단맛'이라고 표현하는 사람도 있다. 차는 첫맛과 끝맛이 다르게 다가오는데, 단맛, 쓴맛, 신맛, 떫은맛이 조화롭게 어우러지다가 삼킨 후에는 향기가 입안에서 마치 음표를 그리듯이 춤을 추는 듯하다. 그래서 많은 사람이 이 각각의 맛을 찾는 재미로 차를 즐기기도 한다.

이러한 현상을 제대로 만끽하려면 찻물의 온도도, 차를 마시고 느끼는 타이밍도 중요하다. 찻물이 입안을 돌고 난 뒤 삼키고 나면 강한 단맛으로 단번에 전환되는데, 이때 가장 마지막에 오는 자연 본래의 단맛이 회감이다. 이는 고도가 높은 차일수록 맛이 응축되어 강하게 나타나니, 기행을 할 때마다 각 다장에서 주인들이 찻잎을 가득 넣어 우려 주는 모습을 볼 때마다 그들의 차에 대한 자부심을 엿볼 수 있다. 재미있는 점은 일행들이 그때마다 연하게 우려도 된다고 하다가도 1~2분만 지나면 단맛의 여운에 흡족해한다는 것이다.

당연히 이 세상에 100% 좋은 것도, 100% 나쁜 것도 없듯 고산차도 마찬가지다. 고도가 높다고 해서 인지도가 높은 건 아니라는 뜻이다. 각자의 취향이 다르듯 고산차의 상쾌함과 유혹적인 깊은 맛을 선호하는 사람이 있는가 하면, 오히려 그러한 부분이 가볍게 느껴져 아쉽다고 하는 사람도 있다.

그러니 산지의 이미지와 비싼 가격, 다원의 브랜드만을 보고 선택하여 부심을 부리기보다는, 고산차를 취급하는 찻집 또는 대만차 산지를 직접 탐방하며, 본인의 취향에 맞는 차를 찾아보길 권한다. 내가 그랬듯 당신이 상상하는 그 이상으로 흥미로운 작업이 되리라 확신한다.

목책철관음의 출발

우리나라에서 차를 취미로 즐기는 사람들이 대만을 대표하는 차로 동방미인, 아리산 고산차, 동정우롱, 문산포종과 함께 '목책철관음'을 꼽는다. 산지가 대만공항에서 1시간이면 충분히 갈 수 있을 정도로 접근성이 좋아서 다른 차에 비해 상대적으로 쉽게 접할 수 있어서 그렇지 않을까 한다.

이런 목책철관음의 품종은 '철관음'으로 2013년, '차와 예술-핑린 길모퉁이 이야기'를 주제로 개최된 학술 포럼에서 다시 언급되었으며, 초기 이민자들이 북부 지역에만 심었던 것을 장내묘라는 사람이 자신의 차밭에 심으면서 본격적으로 차 산지를 형성해 나갔다고 전해진다. 그리고 '목책'이라는 명칭은 사용하는 한자 '木_{나무 목}', '柵_{울타리 책}'에서도 알 수 있듯 나무가 울타리처럼 둘러싸인 곳에 최초로 다원이 자리를 잡아 붙게 되었다고 한다. 게다가 목책_{무자} 지역의 지형이 분지라서 더더욱 외부와 경계선이 뚜렷하게 드러난다.

그런데 대만에서의 철관음 역사가 수백 년인 데 반해, 생산 기술 개발과 제품 판매는 일제강점기 이후부터 이루어졌다. 게다가 언제부터 생산되었는지, 맛과 관련한 명확한 자료가 남아있지 않다. 추측건대 네덜란드와 일본에 의한 식민지 시대를 거치면서 혼돈의 시기를 보내느라 기록으로 남길 여유가 없었던 듯하다. 그나마 일제강점기에 정리한 문헌이 있어 그 당시에 일본인이 세운 차 공장에 연락하여 관련 정보를 얻고 있다.

목책철관음을 재배하는 농가를 방문해 봐도 들을 수 있는 이야기는 비슷하다. 가문에서 대대로 전수해 온 비법에 따라 차가 만들어지며, 이웃과 공유하기보다는 비밀리에 진행한다고 한다. 그러니 다원마다 제다 방식과 차 맛에 차이가 있을 수밖에 없다. 10명이 차를 만들면 10가지의 차가 만들어지는 셈이다.

따라서 가장 많은 차를 판매한 농가가 탄생하면, 다른 다원에서 서둘러 그 방식을 모방한다고 한다. 사정이 이렇다보니 제다실 입구에 조상신을 모시는 사당을 설치해 둔 곳도 있다. 목책철관음으로 삶을 영위할 수 있음에 선조에게 감사를 전하는 그들만의 방식인 셈이다.

이처럼 앞서 살펴본 신죽현과 아리산 지역과 달리 목책 지역은 각 가정이 단독으로 움직여서인지 마오콩 해발 400m 지점까지 오르는 동안 다원이 두어 곳에 불과했다. 반대편으로 내려올 때 살펴봐도 극소수였다.

이 상황만 봐도 목책철관음은 대중적인 차로 자리를 잡지 못했다. 시에서 운영하는 목책철관음박물관도 체험 위주의 카페로 명분만 유지하는 정도다. 그럼에도 목책철관음이 오늘날까지 이어져 오게 된 건 마오콩 중심의 관광용 다원이 조성되고, 그들만의 특별한 발효·로스팅법이 상품화된 덕분이 아닐까 한다.

 사라질 위기의 목책철관음

아이러니하게도 목책 지역이 철관음으로 유명하지만, 철관음 생산량은 매우 적다. 해마다 다원 수가 줄어들고, 기업형 다원에 밀려 영세한 곳은 무방비 상태가 되어 버렸다. 그 결과, 차 농가로서 삶을 영위할 수 없으니 고향을 떠나가나 직업을 바꾸는 이들이 나날이 늘어나고 있다.

그렇다 보니 목책 지역에서는 직접 재배하기보다 외부 찻잎에 대한 의존도가 높다. 인근 평림 지역을 비롯해 대북, 신북, 조금 더 멀리는 아리산 지역에서 들여오거나 중국 본토에서 수입한다. 이런 영향으로 목책 지역을 탐방한 인플루언서들이 찻집 또는 상점 장면을 담아온 사진을 봐도 철관음보다는 다른 지역의 차가 더 많다. 현지 카페에 직접 방문해 봐도 다른 지역의 차가 더 많아서 목책이라는 지역과 철관음 명칭은 관광 상품으로만 활용되고 있다고 볼 수 있다.

그래도 다행인 것은 목책철관음을 지역 특산차로 지정

해 두었다는 점이다. 이로써 마오콩을 다른 차 지역과 구별해 목책철관음 제조 기술을 보전하도록 하고 있다. 물론, 이 역시 관광용 차밭에 지나지 않아 우리나라의 대표적인 차 산업 지역 하동, 보성, 제주를 떠오르게 해 개인적으로는 아쉬움이 있다.

한편, 목책철관음이 사라질 위기와 맞닿아 있음에도 마오콩이 수많은 관광객으로 붐비는 이유는 맛집과 볼거리가 많은 덕분이다. 거리를 걷다 보면 찻집과 식당이 즐비해 있고, 타이베이 시가지도 한눈에 들어온다. 맑은 날에는 대만의 트레이드마크인 101타워도 선명하게 보인다.

두 얼굴의 목책철관음

앞서 말했듯 우리나라에서는 대표적인 대만차로 목책철관음을 자주 언급하는 반면, 대만에서는 그렇지 않다. 이유인즉, 차를 다루는 일이 일상인 현지인들은 로스팅에 의한 농향이 짙은 차보다는 질 좋은 찻잎으로 청향을 살린 차를 선호하기 때문이다.

나 역시 차에 입문한 뒤, 처음으로 대만차 기행을 했을 때만 해도 목책철관음에 대한 기대가 높았다. 그러나 기행을 몇 차례 거듭하면서 여러 차 상점을 둘러보아도 동방미인, 아리산 고산차, 문산포종 등은 추천해도 목책철관음을 권하거나 판매하는 곳은 없었다. 심지어 해방 이후, 오랜 역사를 강조하면서 홍보를 했음에도 소비자의 평가는 냉정했다.

이는 날씨와도 연관이 있어 보인다. 시원한 느낌의 청향차는 더운 날에 마시기 좋고, 추운 가을이나 겨울에는 따뜻한 느낌의 농향차가 좋은데, 대만은 우리나라보다 기온이 높기도 하거니와 늘 곁에 차가 있으니 굳이 따뜻한 느낌의 농향인 목책철관음이 끌리지 않을 테니 말이다.

그러니 목책 지역에서는 발효도와 로스팅 강도를 높일 수밖에 없었을 것이다. 실제로 몇 달에 거쳐서 로스팅을 하기도 하고, 몇 년이 지난 차는 재로스팅을 하기도 한다고 한다. 이 과정을 거치면 장기간 보관하기에도 유리하다. 청향차는 2년만 지나도 향이 빠져 신선한 맛을 느끼지 못하는 반면, 짙은 농향의 차는 10년, 20년 세월을 더할수록 더 좋은 맛을 내는 경우가 있다는 사실만 봐도 알 수 있다.

따라서 우롱차의 생명이 신선함에 있다고 하지만, 목책 철관음에 있어서는 예외다. 목책철관음의 상품성은 숙성 기술과 불을 다루는 장인의 노하우에 달려 있다. 참고로 목책 철관음은 숙성 단계에서 맛이 몇 배로 증폭되어 농향으로 변하여 시간의 흐름에 따라 차의 품질이 판가름 난다.

이 같은 이유로 목책 지역에서는 종종 하늘과 땅, 사람의 삼합이 잘 어우러져야 우수한 차를 탄생시킨다고 말한다. 그래서인지 제다를 시작하기에 앞서 가신家神에게 제사를 지내는 집이 많다. 내가 목책 지역에 들를 때마다 찾는 3대째 가업을 이어가는 농가에서 직접 들은 이야기다. 명차名茶가 사람의 의지만으로는 탄생하지 않기에 그 염원을 담아서 제3의 존재에 기대는 것이다.

그런데 나는 2024년 봄 기행에서 청향이 나는 목책철관음을 만났다. 더 정확히는 잘 익은 과일향과 계화향이 제법 매력적이었다. 마치 목책철관음의 두 얼굴을 만난 듯해, 두고두고 마시려고 몇 봉 구입했다. 주인의 설명에 의하면 홍건을 3회 실시한 결과라고 한다. 나는 여기서 소비자들의 취향을 맞추어가려는 농가의 노력을 엿보았다.

이 밖에도 목책 지역에서는 '대만목책농민협회'를 결성하여 매년 봄가을에 철관음 우수 차 대회를 개최함으로써 매회 약 400~600개의 차 샘플을 선보이고 있다. 이 역시 좋은 차를 만드는 방법, 날씨에 따라 시간을 조절하는 방법, 정교한 기술로 특정 장소에서 가장 좋은 찻잎을 만드는 방법 등을 연구하며, 목책철관음을 대중화하기 위한 움직임으로 보인다.

그런데도 여전히 마니아층은 없지만 목책철관음을 생산하는 목책 지역은 대만차의 초기 발전과 전통 기술을 엿볼 수 있는 역사적·문화적 가치가 높은 곳이다. 여기에 더해 대만 전역에 철관음 제조 기술을 전파한 것도, 차 농가를 비롯한 기업이 농업의 기계화가 차 산지에 미치는 영향 및 차를 사고파는 마케팅의 중요성을 뚜렷하게 깨닫게 한 것도 이곳이다.

목책철관음이 탄생하기까지

이번에는 전반적인 제다법에 대해 이야기해 보려 한다. 대부분의 차가 만들어지기 위해서는 채엽, 위조, 주청, 살청, 유념, 건조 등의 과정을 거친다. 어느 하나 중요하지 않은 단계가 없고, 세심한 주의를 기울여야 한다. 특히, 목책철관음은 탄배 즉, 로스팅이 더해져야 해서 모든 절차를 살펴보고자 앞서 수많은 기회가 있었음에도 이제야 풀어 본다.

우선 제다를 하려면 찻잎을 따야 하는데, 철관음은 1년에 2번 수확한다. 봄에는 기온, 강수량 등이 적합해 차의 품질이 좋고, 여름은 강렬한 햇빛에 새싹이 너무 빨리 돋아 차의 맛이 싱겁거나 쓸쓸한 떫은맛이 난다. 반대로 겨울에는 양이 너무 적어서 충분히 만들 수 없다. 이에 따라 봄보다 겨울에 생산하는 차가 맛과 향이 높아서 가격이 비싸다. 모두 목책철관음뿐만 아니라 차 전반에 나타나는 특징이다.

차를 따는 시간도 정해져 있다. 태양을 보아야만 찻잎에 향이 나는데, 생활 지침을 다룬 우리나라의 《규합총서》에도 오전 10시~오후 2시가 차 따기 좋은 시간이라고 명시하고 있다. 하루에 채엽을 4차례 하는 대만에서는 오후 3시~5시를 가장 적당한 시간으로 본다.

이후에는 찻잎을 시들게 해야 한다. 맑은 날에는 실외에서, 비가 오는 날에는 실내에서 이루어진다. 이때 붉은색으로 변하는 잎은 산화가 되면서 생기는 자연스러운 일이다. 이렇게 잎이 어느 정도 위조되고 나면, 찻잎에 상처를 내는 주청을 한다. 보통 철관음은 세게, 포종차는 가볍게 저어준다.

균일한 맛을 내면서 향을 조절하고, 잎의 수분을 조절하는 위조와 얼마간 잎에 상처를 주고, 산화가 원활하게 되도록 하는 주청 시간을 갖는다. 이 시기에 잎의 수분 함량을 고려해 날씨를 관측하는데, 습도계와 풍향계의 힘을 빌리지 않는다. 오랫동안 체득한 경험에 의해 잎을 손으로 대강 훑기만 해도 적절한 상태를 충분히 가늠할 수 있어서다. 그래도 최근에는 주청기로 쓴맛을 조절한다고 하는데, 대략 8~12시간 소요된다.

말했듯이 목책철관음은 최종으로 탄배를 한다. 신맛과 쓴맛, 떫은맛을 조절하고, 찻잎의 가치를 높이고자 함이다. 발화점이 높은 아카시아 나무를 사용해야 해서 화재가 발생할 위험이 있는데도 은은한 과일향과 불향을 위해 결코 빼놓을 수 없는 단계다. 게다가 부드럽고 달콤한 목운을 내게 하려면 기술을 익히는 데만 해도 꽤 오랜 시간을 요구한다. 중국의 철관음에서는 이런 목운이 없다고 하니 얼마나 어려운지 가늠조차 되지 않는다.

과정도 호락호락하지 않다. 목책철관음은 아주 깊게 로스팅해야 해서 최소 5~6회 실시하는데, 열을 조절하면서 바구니 안의 찻잎을 교반하여 불을 넣고, 4~7일 쉬기를 4차례가량 반복해야 하므로 완성되는 데까지 1~2개월 걸린다. 이는 쓴맛을 단맛으로 바꾸기 위함인데, 여기서 향도, 맛도, 내포성도 달라지니 한시도 찻잎에서 눈을 뗄 수 없다. 1년 농사를 판가름하는 순간이기 때문이다. 24년 봄, 새롭게 개발했다는 목책철관음 청향 또한 그들이 제다에 얼마나 많은 노력을 보이는지 진심으로 공감하게 되는 계기가 있었다. 최근에 구매한 목책철관음에 복숭아향을 닮은 계화향이 배어 있어 나의 다실에 찾아온 이들이 눈을 반짝이면서 홀짝홀짝 마셨으니까.

물론, 철관음보다 로스팅 기간이 더 긴 복건성의 '대홍포'도 있다. 무이암차를 대표하는 차로 무려 5개월이 걸린다. 또 초제차는 로스팅을 4~5회 거쳐야 하는데, 그마저도 높은 발효도를 요구해서 숙련자도 성공률이 낮다고 한다. 이 자체만으로도 차를 생산하여 가공하는 일이 결코 쉽지 않음을 증명한다. 여기서 끝이 아니다. 로스팅하는 차는 맛을 유지하기 위해 보관 햇수 4~5년, 8~10년마다 재탄배를 해주어야 한다. 따라서 차를 보관한 기간도 꼼꼼히 확인해야 한다.

더불어 많은 사람이 로스팅 시 불의 온도를 궁금해 한다. 참고로 대부분이 차를 최대 120℃까지 굽는다. 나도 한국에서 생산하는 찻잎으로 홍차를 만들어 70℃부터 홍배를 7일간 진행하다가 마지막에 120℃에서 1시간씩 2번 홍배를 해 보았다. 그랬더니 온도가 높을수록 차의 색이 진하고, 내포성이 길었다.

이 같은 농가의 노력과 수고로움에도 전통차를 마시는 인구가 줄어들고 있다. 반면, 프랜차이즈의 철관음 아이스, 동방미인 밀크티·셔벗, 버블 홍차 등을 즐기는 사람은 증가했다. 나 역시 대만 시내를 돌아다니며 마셔보았는데, 커피보다 편안한 맛과 간편함에 끌렸다. 이런 매력에 많은 사람이 찾고, 그 수요를 충족하기 위해 기업에서는 값싼 수입 원료를 사용할 테다. 그러니 전통 방식으로 차를 재배하고, 제조하는 농가는 상당한 타격을 입을 수밖에 없다. 다인으로서 이런 현실이 안타까워서 대만을 더 자주 찾게 되는 듯하다.

진한 꽃향 머금은 문산포종

대만의 평림 지역을 대표하는 차 중 하나인 '문산포종'은 강한 꽃향과 단맛을 품은 깊은 고소한 맛, 상쾌한 목운이 특징이다. 이는 잎에 상처를 내는 유념을 가볍게 함에 따라 찻잎이 크고, 발효도가 낮아서 생기는 현상이다. 이에 따라 우롱차임에도 문산포종을 처음 접하는 사람 중에는 녹차와 큰 차이를 느끼지 못하기도 한다.

내가 처음 평림 지역에 방문해 문산포종을 시음한 순간을 잊지 못한다. 그야말로 신선한 충격이었다. 대접에 대충 스푼을 하나 꽂아 맛을 봤는데, 꽃향이 입안을 가득 채웠다. 나뿐만 아니라 모든 일행이 그 맛에 흠뻑 빠져 이것 저것 비교하지 않고 덥석덥석 몇 봉씩 구매했다.

그런데도 귀국 후, 아까워서 아껴 먹다가 다음 기행에서 다른 다장의 차와 최우수상을 수상한 차를 시음하면서 서서히 문산포종에 눈을 뜨게 되었고, 선택하는 기준도 달라졌다. 최근에는 바다의 김향이 나는 문산포종도 마셔보았다. 약간의 홍배로 태어난 결과였다. 한 수강생도 깨끗하고 등급 좋은 김을 먹은 후 느껴지는 향 같다고 했다.

그리고 나는 평림 지역에 간다면 '평림시문산포종박물관'을 찾으라고 권하고 싶다. 우선 1전시실에서는 차를 만드는 도구와 찻잎, 차나무 관련 정보를 얻을 수 있고, 2전시실에서는 다양한 시향을 할 수 있는 체험 공간이 있다. 또 지하에는 지역의 유물과 자사호를 비롯한 차구를 진열해 두었다. 출구 왼편 건물에는 각종 기념품을 판매하는 곳이 있는데, 가격이 만만치 않으니 다구 쇼핑은 대만 잉거도자거리를 추천한다. 박물관 맞은편에는 여러 농가에서 운영하는 상점이 늘어서 있는데, 집마다 차 시음을 해볼 수 있어서 그 재미가 쏠쏠하다.

사실, 평림에서는 농가를 가가호호 방문할 게 아니라면 박물관과 상점을 둘러보는 게 전부라는 점을 참고하면 좋겠다.

문산포종의 발자취

　박물관을 설립할 정도라면 문산포종의 역사가 길다고 볼 수 있다. 실제로 100년 이상이나 된다. 또 문산 지구는 토질이 좋아서 차를 재배할 조건에도 안성맞춤인데, 최초로 우롱 품종을 심은 곳이기도 하다.

　'포종'이라는 명칭은 복건성의 안계와 복주에서 최초로 사용되었는데, 그 유래를 살펴보면 다음과 같다. 1820년경, 안계에서 생산하는 우롱차는 무이산 우롱차를 만드는 방법을 모방해 만들어졌다고 한다. 그중 대부분이 복주로 보내졌고, 이때 직사각형 모양으로 종이에 싸서 판매하여 '싸다'는 의미로 포종차라고 부르기 시작했다. 실제로 한자도 '包_{쌀 포}', '種_{씨 종}'을 사용한다.

　그 이후, 1873년부터 문산 지구에서 우롱차가 생산되었다. 그러나 안타깝게도 세계 경제 사정이 어려워지면서 차 시장 경기도 기울었다. 특히, 대만차의 가격이 높아서 대만 무역 상인들은 우롱차를 구매하려 하지 않았고, 그 결과 대량의 재고가 남게 된다. 이를 극복하기 위해 팔리지 않은 우롱차를 복건성으로 보내 동남아시아로 수출했다.

그렇게 몇 년이 흘러 1885년 이후로는 포종차의 품질과 가공법을 개선하기 위한 연구가 이루어지면서 미발효 기술이 개발되어 자연스러운 달콤한 꽃향을 끌어내는 데 성공했다. 하지만 포장재가 발달이 되지 않음에 따라 대만 우롱차도 안계산 포종차와 마찬가지로 종이에 감싸 포종차 또는 문산포종차라고 했다.

반면, 찻집에서는 주인명 또는 가게명을 목판·석판·동판에 새겨 38.5×35.5cm 종이에 인쇄해 포장했으며, 한 봉 기준이 4량$_{150g}$이었다. 그리고 이때의 디자인은 대만차상업동업공회 신고제였는데, 중국 수출용은 사자나 낙타, 태국 수출용은 코끼리로 현지에서 상표화하기 좋은 동물을 모티브로 한 포장지를 주로 사용했으나 시대의 흐름에 따라 포장 기술이 화려해졌다.

한편, 문산 지구에서 차가 보급화 된 때는 1960년대에 이르러서다. 따라서 대부분의 차나무가 사람 무릎 높이를 겨우 넘는다. 평림 지역이 천혜의 환경이긴 하나 급경사 구간이 많아서 다원을 조성하기에는 힘들었던 영향이다. 게다가 발효도가 다양한 철관음보다 포종차는 발효도가 낮아서 인기를 얻지 못한 이유도 있다. 그럼에도 현재도 곳곳에서 다원을 조성하고자 산을 계단식으로 개간하여 식재하고 있으며, 대체로 단정하게 잘 가꾸어져 있어서 보기 좋다.

문산포종의 제조 과정

문산포종의 주요 생산지는 대만 신북시 문산구 평지향 주변으로 이곳의 고도는 약 600~800m다. 보통 해발 1,000m 이하는 고산차가 아니라고 하지만, 문산은 위도가 고산 지역에 속한다. 그럼, 문산포종은 어떻게 만들어질까?

문산포종은 대만의 우롱차 가운데 발효도가 가장 낮고, 가볍게 유념한다. 이에 생산이 비교적 간단하다고 판단할 수 있지만 오히려 그 반대다. 왜냐하면 발효도가 낮으면 정확한 제어가 필요하기 때문이다. 그리고 이를 위해서는 찻잎의 형상을 일정하게 해야 하므로 찻잎 따기부터 신중한 관리가 필요하다. 한마디로 차를 만드는 과정은 물리적·화학적 변화의 적절한 조화인 셈이다.

여기서 말하는 물리적인 변화는 찻잎의 함수율과 살청 시 증발하는 수분의 양 등 향 손실을 막기 위한 온도 조절을 의미한다. 이때 자유 향을 잃고 남은 것이 고정 향기인데, 여기에는 테아닌과 탄닌 성분이 들어있다. 이를 극대

화하는 게 관건이지만, 차농들은 이미 찻잎과 열의 상관관계를 동물적인 감각으로 익히고 있어서 온도계를 사용하지 않아도 적절한 맛을 만들어 낸다. 이런 문산포종이 만들어지는 구체적인 과정은 다음과 같다.

우선 찻잎 따기다. 4월 상순부터 하나의 가지에 2~3장 난 찻잎을 손으로 직접 딴다. 그런데 찻잎에 상처가 생기면 발효가 시작되므로 문산포종 특유의 꽃향을 끌어낼 수가 없어서 딸 때나 운반할 때나 신중하게 다뤄야 한다. 차 따기 중이나 운반 중에 찻잎에 상처가 생기면, 의도하지 않은 발효가 시작되어, 청향의 차가 모두 그렇듯이 문산포종차 특유의 꽃과 같은 향기를 끌어낼 수 없다. 그러므로 찻잎의 취급은 매우 신중하다.

찻잎 따기를 마치면, 채반 위에 얇게 펼쳐서 맑은 날에는 10~20분, 흐린 날에는 30~40분 동안 햇빛에 실외 위조를 한다. 이 공정은 찻잎의 수분을 줄이고, 그 후의 공정에서 발효하기 쉬운 상태로 만드는 데 목적이 있다. 참고로 이 기간에 찻잎 온도가 40℃를 넘으면 열화하므로 30~35°C로 유지해야 한다.

실외 위조를 마치면 찻잎을 대나무 채반에 펼쳐 부드럽게 교반하는 작업을 한다. 그러면 마찰에 의해 찻잎 가장자리에 미세한 흠집이 생겨서 폴리페놀과 효소의 활성화로 산화가 시작된다. 따라서 교반 이후에는 장시간 채반에 그대로 두고 발효를 촉진시킨다. 언뜻 간단한 작업으로 보이지만, 찻잎을 고루 교반하여 정확한 발효도를 맞추기 위해서는 상당한 기술을 요구한다. 교반이 약하면 찻잎이 수

　녹색 황금을 찾아 떠나는 대만차 기행

분을 계속 증발시켜서 발효가 충분하지 않게 될 뿐만 아니라 풋향이 두드러지고, 교반이 강하면 찻잎 가장자리가 붉게 변색됨은 물론 꽃향도 약해 품질이 떨어지기 때문이다. 그러므로 교반 작업은 효과적으로 진행되어야 하며, 숙련된 기술이 있어야 한다.

다음 단계는 살청이다. 찻잎이 충분히 발효되면 살청기에서 140~160℃로 가열하여 찻잎을 익힌다. 이 과정에서 찻잎의 수분은 증발하고, 효소의 활성화가 멈춤으로써 찻잎을 부드럽게 하는 효과를 낸다. 찻잎이 손상되지 않는 범위라면 가능한 한 높은 온도에서 열처리를 할수록 푸른 기가 강해지며, 투명감이 있는 향기가 난다. 그러나 온도가 너무 낮거나 가열 시간이 충분하지 않으면, 찻잎이 갈변되는 건 물론이고, 효소가 활성화되어서 차가 불투명해지며, 발효가 금세 진행되어 향기가 약하고, 불쾌감을 주는 떫은맛이 난다. 가열을 지나치게 해도 차 맛에 많은 영향을 끼쳐서 살청 시 온도와 시간을 잘 조율해 색과 향 그리고 맛을 고정해야 한다.

살청을 끝내면 유념을 한다. 이는 가벼운 압력으로 비벼주는 작업으로 찻잎의 모양을 잡아주는 동시에 세포에 난 미세한 상처를 통해 차를 우릴 때 물에 잘 추출되도록 해준다.

끝으로 건조를 시킨다. 유념이 끝나고 모양이 갖추어진 찻잎은 수분 5% 전후로 건조한다. 1단계는 100~105℃로 25~30분, 2단계는 105~115℃로 10분, 3단계는 85~95℃에서 40~60분으로 찻잎을 말린다. 찻잎의 양과 각 다원마다 다소 차이는 있으나 최초 건조 온도에서 점차 온도를 낮추면서 진행하는 방식은 평림 지역 어느 농가나 마찬가지다. 한마디로 문산포종의 꽃향과 단맛을 살리는 기술력이라고 볼 수 있다.

문산포종의 제철과 보관법

　나는 간절기 또는 가벼운 난향을 원하는 이들에게 문산
포종을 권하곤 한다. 내가 기행을 하면서 총 5곳에서 구매
해 온 상품을 바탕으로 살펴본 바에 의하면 다음과 같은 특
징이 있다.

　건조한 상태의 완성된 차는 유념이 강하지 않은 장조형
으로 푸른색을 많이 띈다. 이는 발효도가 낮은 데서 띄는 성
질로 춘차라고 볼 수 있다. 보통 춘차를 높이 평가하지만,
대만의 청차류 중에는 동차를 우수 품질로 평가하는 경우도
많다. 맛과 향은 춘차가 부드럽고 순하다면, 동차는 상대적
으로 강한 맛과 강한 향기를 낸다.

다만, 오래된 잎이 보인다면 빼내는 것이 좋다. 싱겁고, 나무맛이 나기 때문이다. 제다를 모두 마치면 선별해 내기는 하지만, 간혹 한두 잎씩 딸려 오므로 차를 우려내기 전에 골라낼 것을 권한다. 청차의 찻잎을 분류하는 기준을 개면엽이라고 하는데, 어린잎 2~3엽을 소개면, 어린잎 없이 2~4엽을 중개면, 어린잎 없이 3~4엽을 대개면으로 봐서 노엽도 섞일 수밖에 없으니 번거롭더라도 차의 맛을 제대로 즐기려면 한번씩 확인하는 과정을 거치는 게 좋다. 물론, 애초에 줄기 없이 단정하고, 노엽이 없을 정도로 찻잎 선별이 잘된 제품을 고른다면 문제없다.

앞서 말했듯 나는 문산포종을 처음 맛보았을 때의 감동을 잊지 못한다. 그러나 그 이후 더 좋은 차를 많이 만났듯 춘차가 좋다더라, 동차가 좋다더라는 제3자의 기호에 따라서 선택하기보다는 문산포종의 특색을 인지한 다음 직접 마셔보면서 본인에게 맞는 차를 찾아가는 게 현명하다고 생각한다. 당연히 문산포종뿐만 아니라 모든 차에 해당하는 사항이다.

한번은 기행 시, 일행 중 한 명이 유독 차를 보관하는 방법과 관련한 질문을 많이 했다. 결론부터 말하자면 실온 보관이 좋다. 그러나 청향차와 농향차는 보존 기간에 차이가 있다. 전자는 신선함을 유지하고 있을 때 섭취하는 게 좋고, 후자는 10년 이상도 무리가 없다. 주의할 점이 있다면 차는 습도에 약하고, 수분을 조금이라도 흡수하면 즉시 열화가 시작되므로 생활 속 습도를 잘 관리해야 한다.

가령, 찻물을 끓일 때 티포트 주변에 찻잎 봉투를 둔다거나, 찻잎을 덜어낼 때 수분이 유입된다거나, 습도가 높은 날이나 습도가 높은 장소에서 개봉을 한다거나, 냉장고에서 꺼내 즉시 개봉해 결로가 발생되면 습기에 노출되어 차로서의 수명을 단축시킨다.

그런데도 많은 사람이 청차를 전용 냉장고에 보관하기도 하는데, 개인적으로 추천하지 않는다. 확실히 밀봉했다고 하더라도 봉투 내부가 차가워지면 찬 기운이 내부로 진입해 이슬이 맺히기 때문이다. 그렇게 되면 2~3일 내에 향이 급속히 변한다. 그러니 바로 앞에서 언급했듯 상온에서 보관하고, 건조한 방에서 밀봉하기를 당부한다. 더불어 개봉했다면 몇 개월 내에 소비하는 게 이상적이다.

　미개봉으로 진공 포장되어 있는 상품은 최소 1년, 최대 10년 이상의 보관이 가능하다. 만일 차를 더 숙성시키고 싶다면, 상온에서 진공 포장 상태로 보관해 보자. 이 경우에는 냉장 보관도 가능하다. 대신, 개봉을 하려면 반드시 24시간 이상 상온에 두어야 한다. 대체로 반나절 후 손으로 만져보고 괜찮다고 여기지만, 찻잎은 표면적이 큰 천연 단열재와도 같아서 정상 온도로 회복시키려면 충분한 시간을 가져야 한다.

우아한 사람들의 공통언어, 일월담홍차

　세계 4대 음료로 차, 커피, 코코아, 콜라를 꼽는다. 이 가운데 차는 다시 6대 다류로 분류하며, '홍차'가 전 세계 차 소비량 중 62%를 차지한다. 특히, 홍차는 오래전부터 귀족 문화에서 빠지지 않는 요소였다. 그렇다면 사람들은 홍차의 어떤 매력에 이토록 깊이 빠져드는 걸까? 또 대만에서도 홍차를 재배하고 있을까?

　홍차의 매력은 차차 알아보기로 하고, 대만 홍차 재배의 여부부터 답하자면 '일월담홍차'가 있다. 이를 상품화하는 '일월노차성'이라는 공장이 있는데, 이곳에 처음 도

착했을 때 우리 일행 앞에 유럽인으로 보이는 무리가 나오고 있는 것을 보았다. 이후로도 여러 차례 방문했는데, 쉽게 목격할 수 있는 장면이었다. 해발 약 600~800m에 위치한 데다가 길이 구불구불한 탓에 멀미를 유발하는 일월담국가풍경구에 위치함에도 외국인이 북적인다는 건 그만큼 일월담홍차의 가치가 높음을 의미한다고 본다.

물론, 일월담이 호수를 테마로 한 많은 볼거리와 요트, 자전거 투어 등 즐길 거리가 많은 국제적인 명소라는 점도 한몫할 테다. 그뿐만 아니라 케이블카를 이용해 산 중턱까지 가면, 대만의 9개 원주민 문화를 주제로 한 구족문화마을이 있다. 유럽식 정원으로 꾸며둔 여기에는 다양한 놀이 시설을 겸비한 교육 공간이 있어 학생들의 견학 장소로 손꼽히고, 봄이 되면 벚꽃이 만발하여 일본의 벚꽃협회로부터 해외 유명 벚꽃 명소로 인증받은 곳이기도 하다.

이렇듯 해발고도 약 800m의 풍부한 지리적 환경, 적당한 연평균 기온과 안정된 습도를 유지하는 일월담은 일본의 눈에 띄어 홍차를 재배하기 시작했다. 그 시초가 1936

년, 어지향 일월담 기슭의 마오루산에 설립한 '어지홍차실험장'이다. 당시 일본은 인도의 '아삼차'를 들여와 산업을 발전시켰다. 더 정확히는 아삼홍차 씨앗을 밀수입해 대만 여러 지역을 선택하여 인도 아삼주의 고도, 온도, 토양 등 유사한 조건을 갖추어 시험 재배한 것이다.

그 결과, 어지향에서 재배한 홍차가 우수했고, 맛과 품질 면에서 다즐링홍차, 실론홍차와 동등했다고 한다. 그렇게 일월담홍차는 1960년대까지 중화민국의 주요 농산물 수출품으로 자리를 잡는데, 처음에는 일본어로 '지츠게츠탄홍차'라고 불렸다고 한다. 이 외에도 다른 이름이 있는데, 명담홍차, 수사련홍차, 양리홍차, 어지홍차 등이 그것이다. 모두 일월담과 인근 지역명, 거리명이다.

이 같은 일월담홍차는 밝은 붉은색, 풍부한 향, 상쾌한 민트와 가벼운 계피향이 특징이다. 이에 자부심을 느낀 일본인들은 천황에게 조공물로 바치는가 하면, 런던 차 경매시장에 출품해 당당히 상위권을 차지하기도 했다.

현재, 일월담 가까운 곳에는 대만차업시험장이 있는데, 여기서는 대차 7·8호, 대차 18호 홍옥, 아사간 등 다양한 차를 생산하고 있다. 최근에는 대차 21호 홍운 재배에도 성공했다고 하는데, 재배 면적은 그리 넓지 않다. 이 중에 가장 많이 언급되는 대차 18호 홍옥은 차산업개량센터에서 50여 년간 육종 실험 끝에 대만 야생차와 미얀마 대엽종을 홍차에 적합하도록 우수 품종을 선별하여 육종 후 탄생시킨 작품이다. 이로써 일월담홍차 중에서도 가장 많이 언급되며, 내가 가본 모든 다원에서도 대차 18호 홍옥 밭을 많이 가꾸고 있었다.

여기서 의문이 들 수 있다. 대체 일월담홍차와 대차 18호 홍옥의 차이점이 무엇인지 말이다. 전자는 그저 일월담 주변 지역에서 만들어진 홍차를 총칭하는 브랜드명이고, 후자는 품종을 의미한다. 즉, 일월담홍차는 일월담이 대만에서 높이 평가되는 경승지라서 붙여진 이름이라고 보면 된다. 이에 따라 일월담홍차의 품종은 열어보지 않으면 알수 없다.

한편, 일월담홍차를 구입하고 나면 가게에서는 물 온도와 시간을 나타내는 표를 하나씩 반드시 넣어준다. 잘 우린 홍차 한잔은 맑고 선명한 붉은색이며, 향은 은은하면서도 달콤하다. 맛은 서양의 홍차와 같은 농후함을 가지면서, 천연의 민트와 계피, 캐러멜향이 나기도 해서 홍차의 품위 있는 떫은맛을 좋아하는 사람이라면 그 매력에 스며들 테다. 간혹 내 다실을 찾는 손님에게 한잔 내어 주면 달콤한 과일향이 난다고 하기도 한다. 개인적으로는 이른 아침, 안개 자욱한 일월담 호수 주변을 산책하다가 만난 수채화 같은 풍경을 맛으로 표현해낸 듯하다.

이런 일월담홍차는 냉침해서 마셔도 좋고, 뜨겁게 우리는 것도 좋다. 다만, 우려낼 때 물을 끓인 후 90℃가 될 때까지 식혀서 사용해야 쓴맛도 떫은맛도 없고, 뿌리부터 끝까지 달콤하게 음미할 수 있다.

일월담홍차의 성지, 일월노차성

앞서 언급한 일월노차성은 말했듯이 일월담홍차를 상품화한 곳으로 현지인뿐만 아니라 외국인들의 견학 장소로 주목받고 있다. 최근에는 대만의 일제강점기 당시를 다룬 영화 촬영지로도 활용되어 더 유명해졌다. 이로써 명소 중의 명소로 거듭나 관광객으로 붐비는데도 불구하고, 예약을 하며 정확한 도착 시간을 알려주지 않았음에도 앞 방문객보다 우리 일행을 먼저 안내해 주었다.

우리가 가장 먼저 마주한 곳은 2층의 위조실과 제다실이었는데, 사방으로 열어둔 창문이 인상적이었다. 이와 관련해 매니저는 홍차 제작에 습도의 중요성을 강조하며, 차

의 맛과 향을 살리기 위해 건물을 통창으로 건축하여 위조 단계에서 사방 창문 60~80%를 오픈한다고 했다. 차 발효에 있어서 공기, 온도, 습도의 제어가 가장 중요하니 충분히 납득할 수 있는 부분이었다.

이토록 세세하게 심혈을 기울인 정성이 통했는지 일월 노차성의 차는 2023년, '일월담티대회'에서 우승을 했다. 대만 관광청에서도 이곳을 더욱 알리기 위해 힘쓰고 있으며, 얼마 전에는 독일 한 그룹을 초청하여 교류 행사를 진행했다. 이 외에도 호찌민 교통부 관광국에서는 항공사와 여행 콘텐츠를 다루는 기업과 협업하여, 작가, 사진작가, 인플루언서 등을 초청해 생방송을 했다. 더는 단순한 차농이 아닌 차츰 글로벌 기업으로서의 면모를 갖춰가는 중이라고 볼 수 있다. 그러나 일월노차성의 면면을 살펴보면 이미 그럴 자격을 갖추고 있음을 인정할 수밖에 없다. 어느 한곳, 눈길이 머물지 않을 수 없게끔 잘 정비해 두었으니까.

심지어 2003년까지만 해도 농장의 심각한 붕괴로 영구 폐쇄해야 할 정도로 사정이 심각했지만, 당시에 남아있던 단 5명의 직원이 복원하고, 노력한 끝에 지금의 위엄을 갖추게 되었으니 이곳의 열정은 남다르게 다가온다.

우리는 다시 긴 복도를 따라 들어갔다. 발길이 멈춘 곳은 일월담홍차의 제다 공정을 살펴볼 수 있도록 오픈해 둔 공간이었는데, 일월담홍차를 만들어 내는 공정과 과거 공장 스토리를 들을 수 있어서 흥미로웠다.

그 와중에 내 눈길을 끈 것은 넓게 펼쳐진 위조대였다. 그 위의 찻잎은 지난밤에 올려둔 것으로 냉풍과 온풍을 번

갈아 불어주면서 마찬가지로 습도 조절을 위해 창문을 열어둔다고 했다. 그 속 온도가 궁금해져서 허락을 구하고 만져보았더니 적절한 온도로 느껴졌다.

그다음 우리는 비밀스러운 문 하나를 소개받았다. 2층 바닥에 설치된 작은 문이었는데, 이것을 열고 위조된 찻잎을 넣으면, 1층 유념기로 떨어지는 구조였다. 그야말로 일손을 줄이는 데 획기적인 아이템이었다.

해당 유념기는 '잭슨 유념기'라고 부르는데, 일제강점기인 1872년, 영국인 잭슨에 의해 발명되었다고 하여 붙여진 이름이다. 일월노차성에서는 이를 이곳의 영혼이라고 할 만큼 자부심을 느낀다고 한다. 그도 그럴 것이 이 유념기가 차의 세포막을 터트려 맛과 향을 만드는 데 용이하게 설계되어서 그렇다. 게다가 찻잎 유형에 따라 설정을 달리할 수 있어서 일반적인 유념기보다 실용적이다.

　이처럼 기능적인 부분을 체계적으로 관리함과 동시에
다양한 체험과 견학, 레스토랑까지 운영하는 차 공장이다
보니 다른 농가와 달리 할인이라는 단어가 통하지 않았다.
바코드 인식으로 정확하게 계산을 해야 했고, 별도로 시음
할 수도 없었다. 단지 웰컴 티와 음수대로 만족해야 했다.
반면, 이를 통해 그들의 제품에 대한 자긍심을 느낄 수 있
었다.

　이 자긍심의 근원은 농약을 사용하지 않고, 친환경으로 차밭을 일구어 가는 데 있다. 나무들이 키는 낮지만 둥치가 단단하고, 굵은 걸 보니 수령이 꽤나 되어 보인다. 덕분에 낮에는 차향에 흠뻑 취하게 되는데, 야간에는 색다른 향연이 펼쳐진다. 청정 지역에 서식하는 반딧불이를 활용해 축제를 마련함으로써 관광객에게 잊지 못할 추억을 선사하는 것이다. 이를 통해 이제 차농에서도 새로운 도전을 많이 하고 있다는 걸 감지할 수 있다.

　한편, 일월담홍차는 해결해야 할 숙제가 있다. 레드우롱이라고도 하는 대만 홍차는 세계 홍차 시장에서 극히 일부다. 그럼에도 일반적인 홍차와는 달리 향신료, 허브, 우유, 술 등을 혼합하지 않아도 그 자체로 놀라운 향기를 지니고 있어 '마시는 향수'라고 불릴 만큼 높은 평가를 받는다. 그중에서도 일월담홍차는 소규모 농가에서 직접 생산·판매하고, 앞서 다룬 목책철관음처럼 혼합차도 없다. 그렇다 보니 현대에 들어서면서부터 대형 차 공장의 등장과 그들의 마케팅에 밀리고 있다. 심지어 다원형 카페는 입장료를 지불해야 함에도 고객이 끊이지 않으니, 자연스레 주변 작은 농가는 사라질 위기에 처했다.

이런 가운데 대만 관광청에서는 지난 2000년 1월 24일, '일월담국가풍경구관리처'를 설립해 일월담 지역의 재해 복구 및 관광 발전에 주목하겠다고 발표하여, 조금이나마 걱정을 덜어주었다. 부디 이것이 일차적인 지원이 아니길 바라며, 일월담 지역 활성화와 더불어 일월담홍차도 안전하고, 지속 가능한 산업으로 이어지길 바란다.

일월담을 사로잡은 호호차

일월담이 있는 어지향은 여전히 시골의 정취가 남아있으며, 눈앞에 펼쳐진 다양한 높낮이의 산과 아기자기한 집, 바라보기만 해도 마음을 차분하게 해주는 호수가 한데 어우러져 마치 한 폭의 수채화 같다. 그야말로 고즈넉한 마을이다.

이런 마을에 5성급 차 공장이 세워졌다. 일월담에서 약 5km 떨어진 '호호차'다. 주말이면 발 디딜 틈 없이 붐비는 여기는 작고 아담한 동산에 둘러싸여 있으며, 유리창이 많은 목재 톤의 일본식 건물이 눈길을 사로잡는다.

그런데 대만차 기행을 하며 찾아간 다원의 주인들은 하나같이 본인을 3~4대째 이어오는 농부라고 소개하며 강한 자부심을 드러내는데, 호호차 운영자는 그에 한참 못 미치는 1세대다. 이 점이 다른 다원과 가장 큰 차이일 듯한데, 호호차를 오픈하게 된 비하인드 스토리가 재미있다.

현 부지의 일부는 공원으로 호호차 운영자 형제 할아버지의 소유였다. 이를 그의 아들이자 형제 부친이 근처 땅 4ha를 사 모으며 키웠고, 특색 있는 산업을 유입하고자 리조트를 지을 계획이었다고 한다. 하지만 도시에 나갔던 형제 중 동생인 왕차오웨이가 고향으로 돌아오면서 방향이 변경된다. 30여 년을 홍차 다원에서 근무한 아버지의 꿈을 실현하기 위해 홍차 산업에 투자를 시작한 것이다.

그 무렵부터 왕차오웨이는 매일 다원에 가서 찻잎 따는 법을 익혔다. 그 과정에서 잎을 하나 더 따거나 덜 땄을 때 차나무에 미치는 영향을 비롯한 차나무 생태에 빠져 들었고, 차 끓이는 법을 배우기 위해 차나무의 성장기를 관찰

하면서 찻잎의 미묘한 변화까지 세세하게 파악했다.

여기서 그치지 않고 그는 뒤늦게 차 산업에 진출함에 따라 부족한 부분을 채워나간다는 자세로 차 소믈리에 중급 전문 자격증을 취득한다. 연이어 차 만드는 기술을 습득하는데, 이 점에서 나는 젊은 세대들의 세상을 읽고 헤쳐 나가는 생동감 있는 태도를 엿볼 수 있었다.

그로부터 3년 후, 호텔에서 근무하던 형 왕초신도 고향으로 돌아와 그동안 자기가 쌓아온 전문 지식과 노하우를 활용하여 브랜딩과 마케팅을 맡아 가족의 꿈을 실현하는 데 힘을 보탠다.

이렇게 두 형제가 협력하여 형은 마케팅에, 동생은 생산에 집중하여 트렌드를 겨냥한 호호차를 2019년 6월에 정식으로 세상에 선보인다. 그 설립 목적에는 단순한 관광형 공장이 아닌 홍차의 개념과 문화를 알림으로써 일상에 홍차가 스며들 수 있도록 하겠다는 의지가 있었다.

이에 따라 두 형제는 처음부터 전혀 다른 방식으로 고객에게 다가갔다. 아니, 다가오게 했다. 입장료를 받는 시스템을 적용한 것이다. 지역 사회에서는 적잖이 놀랐을 테다. 나 역시 입장료를 내야 한다는 말에 얼떨떨했다. 그러나 다원과 카페를 제대로 꾸며놓고 있으니 이런 감정은 이내 수그러든다.

초입에는 차나무와 차 품종을 보여주는 다원과 다양한 체험 프로그램 등이 반겨주는데, 이는 단순한 차 공장과 카페를 넘어 관광객에게 지식을 전달하고, 쉼을 선물한다는 점에서 의의가 크다. 이 밖에도 포인트제도, 자체 연간 인기 TOP 10 선정과 같은 이벤트는 인근 농가에서는 꿈도 못 꿀 그야말로 젊은 감각의 마케팅이다.

특히, 나는 평소에 대형 카페가 오래 버티지 못하는 이유로 그들만의 문화 부재를 지적하곤 한다. 그러한 면에서 호호차는 상품과 문화가 공존하고 있어서 내가 본 대형 카페 중에 최고라고 할 만하다. 실제로도 전에 없는 마케팅으로 자리를 잡은 호호차는 지역 소농가를 흡수했을 뿐만 아니라 이제는 찻잎까지 사들이고 있다.

자리를 옮겨 테마관 1층에 다다르면, 차 공장 투어의 성격이 확연히 드러난다. 생산 라인을 투명하게 보여주는 동시에 각 기계에 패널을 부착해 두어 방문객이 8대 공정을 쉽게 이해할 수 있도록 안내하고 있다. 게다가 생산 인증을 누구나 확인할 수 있게 함으로써 제품을 믿고 구입하게 한다. 그리고 농식품부에서 받은 증서는 호호차에 대한 신뢰를 더해준다.

아이러니하게도 나는 호호차에서 차가 아닌 전혀 의외의 대상에 반했다. 바로 홍차란이다. 하나 먹고 나면 다시 생각날 맛이었다. 보통 집에서 차란을 만들 때는 하룻밤이면 되는데, 이곳에서는 표고버섯과 홍차를 넣어 4일 동안 담가 완성시킨다고 하니 그 정성도 무시 못 할 듯하다.

2층의 기념품숍은 다인들의 눈을 휘둥그레하게 만든다. 스낵, 쿠키와 같은 간단한 다과부터 향수, 통조림 등은 상상을 초월한 개발 상품이 진열되어 있어서다. 더불어 1

층의 차를 만드는 과정을 실내 테라스에서 한눈에 볼 수 있도록 설계한 중앙의 인테리어는 감탄을 멈출 수 없게 한다. 또 통창 쪽에서는 입장료를 보여주면 차 한잔과 홍차 란과 가벼운 스낵을 내어주는데, 푸른 차밭을 바라보며 즐길 수 있다.

　　3층에서는 원목 테이블과 의자, 둥근 유리 램프로 구성된 아늑한 공간에서 오롯이 차에 집중하는 시간을 가질 수 있는데, 시음 외에도 아래와 같은 체험이 준비되어 있다.

가이드 투어 서비스

전문 가이드가 대만에서 가장 큰 홍차 공장의 검사 기준부터 차의 전반적인 지식과 제다 방법 등을 알기 쉽게 안내한다.

봉차·봉란 체험

입장 티켓을 제출하면 2층 매장형 카페에서 차와 계란을 먹을 수 있다. 누구나 가능한 체험이지만, 일일 한정으로 제공하는 데다가 호호차에서 가장 인기 있는 항목이니 참고하자.

제다 체험

제다 장인들이 차가 완성되는 과정을 알려주며, 함께 차를 만드는 과정에서 농부의 수고를 경험해 본다.

혼합차 체험

일월담 지역 역시 차마다 고유한 향과 맛이 있다. 이를 활용해 선호도에 따른 황금 비율을 찾아 나만의 차를 만든다.

봉인차 체험

꿈과 소원 등을 종이에 적고, 인장을 찍은 후 차와 함께 봉인하여 지정한 날에 개봉한다.

황금차 전문 시음

일월담 지역의 5가지 홍차를 제공하여 전문 차 명인의 설명을 곁들이면서 시음해 본다. 이를 통해 차의 오감을 더욱 생생하게 느끼며, 일월담홍차 문화를 더 넓고 깊게 이해하게 된다.

홍차피자 DIY

호호차에서 개발한 홍차피자를 직접 만드는 수업으로 의미도 재미도 있지만, 부모-자녀 간 시간 활용에 유용하다.

대만 프랜차이즈 No. 1을 꿈꾸는 유산차방

'유산차방'은 현재 대만 내에서 천인명차에 버금갈 만큼 프랜차이즈를 많이 양산하는 기업이다. 지난 2023년 9월, 본점에 방문한 이틀 후에도 다른 도시 2곳에서 새롭게 매장을 오픈했다. 이런 유산차방의 활발한 운영은 이미 바다 건너 일본에서도 영향을 미치고 있다. 구글에서 검색했을 때, 본점보다 일본 대리점이 상위 노출될 정도다.

　유산차방의 시초는 1880년경이다. 첸 씨 가족이 동정산에 차를 재배하기 시작하면서 차츰 그들만의 입지를 다졌고, 1963년부터는 폭을 더 넓혀 각 산지를 다니며 도매업과 제다업을 병행했다. 이 무렵 대만에서는 차 산업의 발전을 위해 각종 차 대회를 진행했는데, 유산차방이 왕성한 활동을 하면서 우수한 성적으로 인정받는 계기를 마련한다.

　물론, 대만차 산업에 종사하는 대부분이 비슷한 상황을 거쳤다. 청나라 혹은 일제강점기부터 차 농사를 지었고, 대대손손 이어지다가 오늘날에 이르렀다. 그 세월 동안 더 나은 맛을 개발하기 위해 노력한 끝에 이따금 큰 브랜드가 탄생하기도 했다. 즉, 성장의 크기는 각 농가와 공장의 경영 마인드와 사업 추진력에 달렸다고 할 수 있다.

이런 관점에서 유산차방 글로벌화에 숨은 공인은 현 대표의 아내다. 사실, 유산차방은 몇 년 전까지만 해도 오래된 차 공장에 불과했다. 그러던 중 새로운 차 문화의 숨결을 불어넣고자 관광형 다도복합문화센터에 초점을 맞추어 박물관과 카페를 동시에 운영하는 공간으로 개조해 재개방한다. 그게 2008년이다. 특히, 버려진 건물을 의미 있게 사용한다는 환경 보호의 메시지도 포함되어 있어 주목을 받기도 했다.

여기에 자체 브랜드 '유산차 투어'를 덧입혀 대중에게 다도 문화를 전파함으로써 생활의 미학을 깊이 있게 이해하도록 하는 데 목적을 둔 '산악차관광문화센터'를 건립, 투어 버스를 꾸준히 운영하고 있다. 이 프로그램에서는 산지를 둘러보며 다양한 차 재배 방식과 차 제조 과정을 알아보는 기회가 주어져서 인기가 상당하다. 다만, 주중에는 1일 1회, 주말에는 2회 실시하니 원하는 날짜에 투어를 하려면 서둘러 예약해야 한다.

또 많은 사람이 유산차방의 제품은 믿고 마시는 차라며 선호하는데, 모든 제품이 국제표준화기구 ISO 22000 인증과 함께 잔류 농약 검사도 가볍게 통과한 덕분이다. 이 같은 유산차방의 제품군은 크게 4가지로 나뉜다.

첫 번째는 정선 시리즈다. 대만 우롱차의 대표 격인 동정산과 아리산 고산차를 청향과 난향 2가지 유형으로 제조하여 일본에 수출한다. 두 번째 유산 시리즈는 대만 전통 방식으로 충분히 발효시키고 홍배하여 깊은 맛이 일품인데, 햇차도 금세 소진될 만큼 잘 팔린다. 세 번째는 명산 시리즈다. 대만 각 명산에서 엄선한 차로 맑은 청향차가 많고, 농향차도 있다. 제다 과정에서 조금 더 덖어낸 맛이 특징이다. 네 번째 티백 시리즈는 제품별로 포장되어 있는데, 가장 저렴해서 손쉽게 구입하게 된다. 더욱이 패키지가 아기자기해서 일본 수출을 겨냥했음이 느껴진다.

　유산차방의 차문화관은 대만차 기행에 빠지지 않는 코스다. 대만차 역사를 한눈에 볼 수 있는 데다가 예술성 있는 제품을 감상하며, 차를 편안하게 마실 수 있는 공간이 있어서 늘 가이드를 동반한 관광객이 몰린다. 이들을 위한 배려로 전시관에 QR코드를 부착해 각자 셀프로 해설을 듣게끔 설정해 두었다. 모두 듣는 데 50분가량 소요된다.

  끝으로 나는 차문화관을 나오면서 제품전시관에 눈길
이 한번 더 향했다. 대표 컬러인 붉은 틴케이스가 진열된
모습이 새삼 정열적으로 다가왔다. 작은 요소에도 그들의
열정이 담긴 듯했다.

대만차 산업 발전의 선두주자, 임길원

내가 시음 공부하며 많이 다룬 차 중 하나가 루구향의 '임길원' 상품으로, 발효도에 따라 1~10분차를 마시며 음미하다 보면 채취 시기에 따라 맛을 내는 법을 고려하게 되었다. 이렇게 나에게 여러 가르침을 준 임길원은 대표의 이름이기도 하다. 다시 말해, 이름이 하나의 브랜드가 된 셈이다.

임길원 대표는 차 농사를 직접 지으면서 다원을 가꾸고 있다. 제다 또한 그의 손을 거치는데, 매년 열리는 '동정우롱차대회'에서 해마다 수상할 정도로 실력이 우수하다. 이에 따라 그가 출시한 차는 바로 품절되는 경우가 많다. 심

지어 2023년에는 신동양에서 창립 55주년 특별기획으로
식품 산업의 신개념 녹색 식품의 동력을 기대하며, 시민과
지속 가능한 제품들의 참여를 유도했는데, 임길원 대표가
홈페이지에 메인으로 노출되기도 했다.

　이처럼 임길원의 차가 높이 평가 받는 이유는 다원이
있어서 적절한 시기에 만들어 판매할 수 있고, 높은 강우
량과 질 좋은 토양 등 천혜의 자연환경이 뒷받침해 주는
덕분이다. 특히, 아침저녁으로 큰 일교차는 은은한 맛과
달콤한 향기를 내게 하는데, 개인적으로 1~4분차의 난향
과 밀향이 좋았다.

　한편, 임길원에서는 분기별로 프라이버시 티파티를 진

행한다. 아래의 사진과 같이 다양한 차를 맛보기도 하고, 판매도 이루어진다. 무엇보다 한자리에서 1~10분차를 시음할 수 있으니 차를 이해한 다음 구매할 수 있어서 좋은 프로그램이라고 생각한다. 또 내가 수강생들과 방문할 때마다 체험할 수 있게 도와주니 고마움이 차곡차곡 쌓인다.

참고로 1~4분차는 탄배를 하지 않은 청향차이며, 5~7분차는 경탄배차로 적당한 청향과 탄배향이 조화롭다. 8~10분차는 점점 더 강한 맛과 탄배향을 띄는데, 이 중 9분차는 노차로도 판매한다. 10년 지난 9분차는 청향차보다 달고 환상적이다.

탄배를 하는 목적은 첫째, 찻잎의 특성에 따라 더 풍미 있는 차를 만들기 위함이며, 둘째, 장기 보관에 용이하게 하기 위함이다. 따라서 보통 청향차는 부드럽고 단맛이 나는 봄철 찻잎을 이용하고, 우기에 자라서 싱거움이 감돌거나 더운 날씨에 급성장한 여름 찻잎에는 경탄배 혹은 중탄배 등의 로스팅 과정을 거쳐 깊은 맛을 나게 한다. 이때 탄배를 강하게 하면 할수록 건엽은 수축되고, 수분감이 낮아져서 보관도 오래 할 수 있다. 또 탄배와 관련한 현지인 말에 의하면 청향을 만들기에는 부족한 찻잎으로 탄배를 하기도 하고, 지난해 판매하고 남은 차를 재판매하기 위해 하기도 한다고 한다.

마지막으로 나는 청향차와 농향차 중에 고르라면 너무 가벼운 청향보다 약간의 농향을 즐기는 편이다. 그래서 적당히 경탄배된 차를 선호한다.

살아있는 차 아버지, 여례진 대사

나는 대만차 기행을 하며 만난 사람들과 메신저로 자주 연락하고 지낸다. 그중 한 명이 '진미다원'의 여례진 대사다. 중후한 노년의 멋과 위트를 가진 그는 살아있는 차 아버지라고도 불린다.

여례진 대사와의 첫 만남은 페이스북을 통해 이루어졌다. 차를 좋아하고 즐긴다면, 모르는 사람을 찾는 게 어려울 만큼 그가 운영하는 진미다원은 유명하다. 모두 여례진 대사의 삶과 그가 만들어 놓은 찻길이 많은 사람에게 영향을 준 덕분이다. 이에 그와 관련한 정보를 찾다가 인연이

닿았다. 그 후로는 그와 연결된 3,000명 이상의 팔로워 가운데 차 농사를 짓거나 관련 종사자의 일상을 들여다보며 대만차를 더 깊이 알아가고 있다.

이쯤에서 너무 빠르게 디지털화된 세상에 기계를 다루는 데 익숙하지 않다면, 도태될 수 있다는 생각을 지울 수 없다. 이미 산골의 농가에서도 SNS로 홍보는 물론, 예약까지 진행하고 있으니 말이다. 그래서 그 안에 길도, 인연도 있다는 표현에 수긍하게 된다.

다시 본론으로 돌아와 여례진 대사의 진미다원에 대해 알아보자. '진미'란 궁극의 맛을 의미하는 것으로 최고의 차를 맛보고, 감상하는 작업을 강조한다. 차의 모든 등급과 수준 중에서 가장 높은 등급과 수준을 고집하는 여례진 대사의 가치관이 고스란히 담겼다고 볼 수 있다. 이에 따라 여례진 대사는 진미다원을 통해 지난 20년간 보이차를 유행시키는 동시에 대만차를 세계에 알림으로써 반석 위에 올려놓았다.

이런 그와 직접 마주했다. 흰 수염의 72세 노장은 찻물을 올리고, 자사호를 다루면서도 유쾌함으로 우리 일행의 긴장을 풀어 주었다. 그런 와중에도 몸짓은 흐르는 물 같았고, 끓는 찻물을 바라보는 표정은 담대했다. 차를 향한 그의 신념이 그대로 드러나는 듯했다. 그 모습을 지켜보는 동안 차를 제대로 이해하는 사람은 차의 품성에 맞게 잘 우려내리라는 믿음에 차 맛이 기대가 되었다.

여례진 대사의 차 인생은 언제부터 시작되었을까? 그는 차밭에서 태어나고 자랐다. 그리고 수십 년 동안 차 연구를 한 끝에 수많은 차농이 꿈꾸는 생태학적 방식에 따라 차를 재배하고, 생산했다. 이 과정에서 그는 그를 따르는 이들에게 다음과 같이 말했다.

"차는 내 평생의 직업이다. 누구를 막론하고 정직과 품질을 바탕으로 해야 한다. 좋은 생태와 좋은 차를 만들겠다는 정신만이 양질의 차를 만들 수 있다. 차 만들기는 다음 세대에 남길 수 있어야 한다."

즉, 자연이 제공하는 생태를 존중하고, 환경이나 기후 요인으로 작은 결함이 있더라도 좋은 맛을 내고자 하는 의지를 품어야 하는 인간 본연의 자세를 강조한다. 이와 더불어 그는 차의 장점은 이해하되 단점은 참아내야 진정한 사랑이라고도 한다. 차를 통해 존경과 관용, 주는 법과 감사하는 법을 배웠다고 고백한 바 있는 그의 차 사랑법이 아닌가 한다.

이런 여례진 대사가 차를 대함에 있어서 첫 번째 키워드는 '사람'이다. 차 생활의 개념을 정립하고, 좋은 차를 생산해 내는 중에도 생산자와 소비자의 소통을 놓치지 않는 그를 아는 사람이라면 인정하는 부분이다. 더욱이 대만차 발전을 위해 차 생활 운동을 전개하고, 그 감동을 세계에 공유하고자 지난 30년 동안 진미다원에서 판매하는 차 품질은 물론, 가격을 그대로 유지하고 있다고 하니 대만차가 대중화되길 바란다는 그의 소망이 진정성 있게 다가온다.

앞서 여례진 대사를 살아있는 차 아버지라고 부른다고 했다. 이 수식어는 어떻게 붙여졌을까? 현 세계차연맹회장이자 대만중국차예술진흥협회 4선 회장인 그는 1944년, 처음으로 운남 지역에 진입하여 보이차 '진순아호'를 만들었다. 더 나아가 1960년대부터는 저물어 가는 운남성을 살려내고자 시쌍반나현의 차 산업 컨설턴트로 활약했다. 20년 뒤, 이무 지역에서도 전통적인 보이차 제조 공정을 복원하고, 생산하는 데 도움을 주면서 '보이차의 아버지'라는 칭호를 받았다. 한편으로는 차 산업의 미래를 내다보면서 보이차 수집 경향이 거의 집착 수준으로 이어졌다.

그렇다 보니 그의 차에 대한 자존감은 엄청나다. 진미다원에서는 햇차가 나올 때마다 차 시음회를 여는데, 생산량이 적든 많든, 품질이 떨어지더라도 그의 손끝에서 만들어지는 차는 늘 우수한 평가를 받았다. 그리고 그는 이렇게 진미다원의 차를 좋아해 주는 고객들을 위해 이따금 별도의 이벤트를 개최하기도 한다.

이런 특별한 곳을 방문했으니 우리만의 추억을 만들고 싶어서 넌지시 "제자들과 함께 온 기행입니다. 저희가 기념할 만한 일이 없을까요?"라고 물었다. 그랬더니 선뜻 자리에서 일어나 따라오란다. 그러고는 입구의 100년도 넘어 보이는 2개의 나무 궤짝 뚜껑을 걷어내고는 차를 보여주었다. 1890년에 만든 무이암차란다. 그렇게 우리는 단한번의 만남에 130년도 훌쩍 넘은 귀한 차를 대접받았다. 시간이 마법을 부려 잠시 멈추었으면 하는 순간이었다.

이윽고 우러난 탕색을 보고 우리 일행은 한 명도 빠짐없이 놀랐다. 진한 검은색, 마치 에스프레소를 작은 종지에 부어 놓은 느낌이었다. 더 놀라운 반전은 한입을 머금고 난 후였다. 얼마나 달콤한지 소름이 돋아, 나도 모르게 감탄사가 절로 나왔다.

그 한잔에 수많은 감정이 스치고 있는데 이런 나를 알아차리기라도 한 듯 그는 "좀 더 이성적인 시각으로 차를 보고, 좀 더 감성적인 시각으로 맛봐야 해요. 저는 차를 구매할 때 이성적이어야 한다고 자주 말하는데, 요즘 사람들은 너무 감성적이에요."라며 "차를 구매하기 위해 찻집에 방문했다면 차 두 잔을 만들어 달라고 부탁하세요. 한 잔은 바로 마시고, 다른 한 잔은 15분 정도 식힌 후에 마시세요. 뜨거운 차는 향을 알 수 있고, 차가운 차는 떫은맛, 쓴맛 등의 단점을 파악할 수 있거든요."라고 차를 구매하는 방법에 대한 팁을 알려주었다. 그렇게 하면 초보자라도 차 두 잔으로 정직한 찻집을 찾을 수 있다고 했다.

짧은 시간에도 많은 깨달음과 가르침을 준 여례진 대사

다. 흰 수염에 검은 반점이 많은 원로임에도 그 아우라가
강력했던지라 진미다원에서 구매해 온 차를 마실 때마다
떠올리게 된다. 동시에 다음 기행에도 꼭 만나자고 나만의
약속을 하게 하는 다시 만나고 싶은 인물이다.

자연을 차로 읊어낸 장지견 대사

개인적으로 나는 대만차에서 '영혼의 음료'라는 느낌을 자주 받는다. 그만큼 재배하고, 만드는 사람의 얼이 차에 녹아나는 듯하다. 실제로 농가나 다원을 운영하는 주인들을 만나 봐도 차에 대한 깊은 애정과 믿음이 전해진다. 한마디로 차는 그들에게 삶의 일부를 넘어 신앙과도 같다.

이런 대만차의 약 80%가 우롱차다. 가장 큰 재배지는 난터우로 13개의 마을에서 차를 생산하며, 인구 1/4이 차산업에 종사 중이다. 그로 인해 난터우현의 오래된 차 상점에는 대부분 보물 같은 차가 몇 통씩 있다. 이렇게 오래 보관이 가능할수록 차의 가치는 높아지는데, 우롱차의 경우, 변질이 되지 않는다는 가정하에 보관 연수는 가늠할 수 없을 정도로 장기간이다.

하지만 초창기 농부들은 차를 만들고, 팔기에 급급했다. 좋은 차를 생산해 빨리 팔아야 삶을 영위할 수 있었기 때문이다. 게다가 차를 저장하는 방법도 몰랐고, 필요성도

알지 못했다. 그런 그들에게 충이다장 장지견 대사의 '동정우롱 황룡차'는 문화 충격이었다. 늘 "오래 보관하려면 올바른 차를 선택하는 게 관건"이라고 강조하며, 우롱차도 보이차처럼 나이가 들수록 가치가 높아짐을 몸소 보여줬으니 말이다. 또 이는 루구농민협회에서 특별상을 2번이나 받으면서 공식적으로 인정을 받았다.

이렇게 차를 선택하고, 보관하는 법에 진심인 장지견 대사를 만나러 가는 길은 걸음걸음마다 설렜다. 그의 거처가 난터우 주산진의 작은 시골마을 시장 안 작은 찻집 '충이다장'이라 시골 감성이 물씬 올라왔다. 더욱이 그날따라 비까지 내려 운치가 절정에 달했다. 심지어 여례진 대사와 양대 산맥을 이루는 인물을 만나기 직전이니 기대감으로 부푼 가슴을 가라앉히기 어려웠다.

여례진 대사가 아버지라면, 차와 결혼했다고 하는 70대 후반의 장지견 대사는 어머니의 느낌이었다. 실제로도 여례진 대사는 SNS 마케팅을 하며 왕성한 활동을 하는 데 반해, 장지견 대사의 충이다장 정보는 어디에서도 볼 수 없을 만큼 고요하다. 그저 한두 블로그나 인스타그램에 차 시음기와 융캉제의 여동생 가게 정보 정도만 거론되어 있을 뿐이다. 그 분야에는 전혀 투자를 하지 않는 셈이다.

이에 장지견 대사가 꾸려나가는 충이다장에 어떤 가치관을 담고 있는지 더욱 궁금해진다. 일차원적으로는 벌레 2마리를 뜻하는 듯하지만, 당나라 시인인 이백이 호남 동정호의 악양루를 거닐 때 〈一蟲二〉라는 글을 썼다고 한다. 여기서 '一'은 '水天一色_{수천일색}', '蟲二'는 '風月無邊_{풍월무변}'을 의미하며, 이는 "동정호는 하늘도 푸른색, 호수도 푸른색. 그 경계가 없이 아름다운 경치"라고 풀이할 수 있다.

장지견 대사는 차밭의 아름다움을 이백의 시에서 영감을 얻어 충이다장으로 이름 붙인 것이다. 한마디로 사람들이 아름답고 멋스러운 풍경이 끝없이 펼쳐진 장면을 떠올리길 바라는 마음을 담아냈다고 볼 수 있다.

이런 도인道人 같은 면모가 그의 차판에서도 드러난다. 소박하다는 표현도 붙이기 미안할 정도로 구멍 뚫린 나무 도마 하나가 전부다. 그러나 세상의 변화에 귀 기울이지 않고, 그만의 속도로 조화를 이루며 살아가는 삶을 대하는 자세를 엿볼 수 있다. 또 정갈한 차방 모습에서는 그저 맛있는 차 만들고, 바람처럼 달처럼 살아가고자 하는 유연함이 전해진다. 그런 가운데 군더더기 없이 검소한 공간을 둘러보고 있으니 불현듯 찾아오는 숙연함을 어찌할 수 없었다. 세상 많은 다인이 찻방을 꾸미는 데 정성 들여 투자하고, 고급스럽게 채우고 있으니까. 그러니 장지견 대사야말로 정성스러운 행실과 검소한 덕망 즉, 정행검덕精行儉德을 실천하는 진정한 다인이 아닐까 한다.

　　장지견 대사가 만드는 동정우롱의 풍미는 제다 기법이
특허로 등록될 만큼 8할 이상이 홍배 기술력에서 나타난
다. 홍배를 어떻게 하느냐에 따라서 오래 보관할 수 있는
노우롱이 탄생한다. 덕분에 충이다장에는 연륜 있는 차가
많다. 방문한 당시에도 1971년, 1993년산 황룡차를 맛볼
수 있었다. 그 차들을 우려내면서 그는 투자 관점에서 오
래된 차의 수급 불균형으로 지금 오래된 차를 마스터하는
사람은 10년 후, 좋은 수익률을 얻을 것이라고 강조했다.

　여기서 알아둘 점은 '보존'과 '보관'의 차이다. 전자는 갓 만든 차와 같은 맛을 내기 위해 일정한 온도 관리를 하는 것이고, 후자는 찻잎이 공기의 노화를 겪을 수 있도록 실온에 하는 것이다. 이때 1년에 한 번 하는 로스팅 작업은 기본이다.

끝으로 나는 20년 후, 잠재력 있는 차를 고르는 방법을 물었다. 여기에 대사는 2가지 방법을 일러주었다. 첫 번째는 심사 기관의 인증을 받은 후 품질과 평판을 확인한 브랜드 차를 선택하는 것이고, 두 번째는 신뢰가 쌓인 익숙한 찻집에 추천해 달라고 부탁하는 것이란다. 다시 말해, 회사를 믿고 사든지 오래 거래한 찻집을 믿고 구매하라는 말이다.

대화가 끝날 무렵, 예상하지 못한 호사를 누렸다. 대사는 대뜸 팽주 자리를 내주고는 기꺼이 뒷일인 물을 길어 나르고, 다음 마실 차를 찾아주고, 시장에 나가 중국 파전병인 총유병도 한 판 사다 주었다. 그의 호의에 마음의 온도가 한껏 올라 귀국 후에도 한동안 그 순간을 회상했다.

참고로 황룡차를 마시고 나면 바로 뒤에 어떤 차를 마셔도 맛이 살아나지 않는다. 황룡차 특유의 깊은 단맛과 산미가 입안에 오랫동안 남기 때문이다. 따라서 나는 나의 찻자리에서는 늘 황룡차를 마지막 차로 낸다. 가는 동안 깔끔한 커피를 마셨을 때처럼 입안의 산미를 즐기기를 바라는 마음에서다.

Epilogue
차향 가득한 대만을 추억하며

대만의 찻잎 향기와 시작한 우리의 여행은 마무리되지만, 나는 이게 끝이 아닌 시작이라고 생각한다. 또 휴대폰 갤러리에 담긴 사진을 볼 때마다 추억에 잠기듯 이 책의 한 장, 한 장도 당신에게 좋은 기억으로 남길 바란다. 더 욕심을 내보자면 이 책을 선택한 계기로 직접 대만차 기행도 해보면 좋겠다.

실제로 그런 마음으로 한 자, 한 자 써 내려갔다. 그러하기에 유흥차업박물관, 녹소선다원, 아미다장 등 여러 장소로 안내했지만, 원고를 쓸 때만큼은 단순한 지명과 업체

명이 아니었음을 밝힌다.

그러니 페이지마다 소개한 차를 만나거나 마시는 상황이 되면, 이 책을 떠올리면서 차와 그 공간에 깃든 대만 다인들의 정서와 문화를 어렴풋하게라도 되짚어보길 권한다. 이 작은 행동이 당신의 일상에 작은 여유와 아름다움을 더해 주리라고 믿는다.

무엇보다 이 여행기를 통해 차를 어렵고, 고상한 대상이기보다는 일상에서 가볍게 찾는 친구 같은 존재로 받아들였으면 한다. 꼭 비싸고 고급스러운 차가 아니어도 충분히 즐길 수 있으니까. 그렇다고 차가 단순한 음료라고 할 수는 없다. 차는 우리의 삶을 돌아보게도 하고, 타인과 소통하게도 하고, 자연과 하나 되게도 하므로.

마지막으로 이 여정에 함께해 준 선생님과 제자들에게 고마움을 전한다. 그들의 관심과 사랑이 없었다면 아마 이 책은 완성할 수 없었을 테다.

이제 책을 덮고, 차 한잔을 준비해 보자. 그 한잔을 음미하며 이 책을 읽기 전과 후의 차이를 느껴 봐라. 제대로 여행했다면 분명 한 모금, 한 모금에 색다른 경험을 하게 되리라 확신한다.

　결과적으로 매우 독특한 기행문이 완성되었다. 요즘 서점에서는 찾아보기 힘든 투박함이다. 전체적인 구성에서 트랜디한 구석을 찾아보기가 힘들다. 저자가 처음부터 집필을 염두하고 모은 자료나 사진들이 아니라 더욱 그렇다.

　저자의 믿음을 바탕으로 작업한 자가 직접 할 말이 아니라고 어이없어할지도 모르겠지만, 처음 자료를 넘겨받은 날부터 기획의 방향은 확고했다. '날것의 투박함. 그럼에도 불구하고, 모두를 관통하는 오리지널 콘텐츠'

　그렇다. 콘텐츠만 확실하다면, 나머지는 문제가 되지 않는다.

　이 책은 저자의 색채가 뚜렷하다. 모두가 획일화된 대만 여행을 계획할 때, '차'라는 한 우물을 팠다. 단순 여행 코스도, 경비도 알려주지 않는다. 게다가 저자의 나침반이 가리키는 곳은 같은 지도 위에 있지만, 동시에 없는 곳이다. 그래서 가슴에 문화의 뿌리를 담으려는 이들만 닿을 수 있다. 한마디로 아리산의 삼림열차를 타보라거나, 스펀으로 가 풍등을 날려보라거나, 맛집으로 가보라고 하지 않는다. 그보다 더욱 깊숙한 곳으로 우리를 데려간다.

따라서 여기 적힌 모든 과정 안에 차향이 깃들어 있다. 이 책을 손에 든 독자라면, 이제 그 향을 제대로 맡아볼 수 있으리라.

더불어 이 책을 덮는 순간, 색다른 대만 여행을 꿈꾸며 설렘에 대만행 티켓을 준비하는 이들이 많지 않을까 한다.

녹색 황금을 찾아 떠나는
대만차 기행

2024년 12월 31일 초판 1쇄 인쇄
2025년 1월 15일 초판 1쇄 발행

지은이 | 이은주
편 집 | 윤수빈
디자인 | 이경민

발행인 | 이경민
발행처 | 마이티북스

© 마이티북스

출판사 연락처
전화 | 010-5148-9433
이메일 | novelstudylab@naver.com
홈페이지 | https://마이티북스.com

ISBN 979-11-989893-4-5

도서 제작 과정에서 아래의 폰트를 사용했습니다.
'KoPub바탕체Light, KoPub돋움체Light, Noto Sans CJK KR, 에스코어 드림'
창작자들을 위해 무료로 배포해준
폰트 제작자 여러분에게 지면을 빌려 감사의 마음을 전합니다.